SCHLANK & FIT MIT
PALEO

DANIEL GREEN

SCHLANK & FIT MIT
PALEO

100 Trendrezepte
aus der
»Steinzeitküche«

Für Harry Charlie Green
in immerwährender Liebe

Impressum

1. Auflage 2014

© der deutschsprachigen Ausgabe 2014 by Südwest
Verlag, einem Unternehmen der Verlagsgruppe
Random House GmbH, 81673 München.
Die Verwertung der Texte und Bilder, auch
auszugsweise, ist ohne Zustimmung des Verlags
urheberrechtswidrig und strafbar. Dies gilt auch für
Vervielfältigungen, Übersetzungen, Mikroverfilmung
und für die Verarbeitung mit elektronischen
Systemen.

Die englische Originalausgabe erschien 2014
unter dem Titel »The Paleo Diet – Food Your Body
is Designed to Eat« bei Kyle Books, Kyle Cathie
Limited, London

Hinweis: Die Ratschläge und Informationen in
diesem Buch sind von Autor und Verlag sorgfältig
erwogen und geprüft. Dennoch kann eine Garantie
nicht übernommen werden. Eine Haftung des
Autors bzw. des Verlags und seiner Beauftragten
für Personen-, Sach- und Vermögensschäden ist
ausgeschlossen.

Redaktionsleitung: Silke Kirsch
Projektleitung: Sonya Mayer
Übersetzung aus dem Englischen: Franziska Weyer
Redaktion und Satz: Heike Gronemeier
Redaktion der Rezepte: Dr. Regina Roßkopf
Korrektorat: Asta Machat
Einbandgestaltung: Zeichenpool, München
Druck & Verarbeitung: Toppan Leefung Printing Ltd.
Printed in China

Verlagsgruppe Random House FSC® N001967
Das für diesen Titel verwendete Papier ist
FSC®-zertifiziert

ISBN 978-3-517-09313-0

Text © Daniel Green 2014
Fotografie © Clare Winfield 2014
Coverfoto © Justin Grierson
Design © Kyle Books 2014
Redaktion der englischen Ausgabe: Vicki Murrell
Foodstyling: Rosie Reynolds
Styling: Wei Tang
Nährwertberechnung: Fiona Hunter

Hinweise für den Leser

Alle Nährwertangaben sind pro Portion berechnet.

Die Informationen in diesem Buch dienen als
allgemeine Ernährungstipps, nicht der Behandlung
individueller Beschwerden oder Erkrankungen. Sie
ersetzen keinesfalls ernährungsmedizinischen oder
medizinischen Rat.

INHALT

WARUM ICH PALEO LIEBE

Mein Hauptaugenmerk lag schon immer auf Gerichten, die gleichzeitig superlecker, einfach zuzubereiten und gesund sind. Wenn ich ein neues Rezept kreiere, dann wünsche ich mir vor allem, dass viele Menschen es lieben und es für ihre Familie oder für Freunde nachkochen. Aber auch, dass es die Gewichtsreduzierung unterstützt und dazu beiträgt, sich glücklicher und gesünder zu fühlen.

Mit Diäten kenne ich mich bestens aus, denn vor zwanzig Jahren war ich ein übergewichtiger junger Mann und habe damals 29 kg abgespeckt. Seitdem halte ich mein Gewicht, indem ich auf alles Ungesunde und auf industriell verarbeitete Lebensmittel verzichte und mich ausschließlich von frischem Obst, Gemüse, Fisch, Fleisch, Samen und Nüssen ernähre – mich also im Prinzip an die Steinzeit-Diät halte, auch wenn man damals weder einen Namen noch ein Konzept dafür kannte. Diese Ernährung erschien mir einfach sinnvoll, und ich empfinde sie auch weder als einschränkend noch als belastend, denn schließlich gibt es ja so vieles, das man in diesem Rahmen essen kann. Im Grunde sind es all die Nahrungsmittel, die ich besonders liebe: aus ihnen werden köstliche, frische, gesunde Speisen zubereitet, die ohne, dass mab dabei auf Geschmack und Aroma verzichten müsste, für eine ausgewogene Ernährung und vor allem für ein gutes Gefühl sorgen.

ANHÄNGER DER PALEO-ERNÄHRUNG BERICHTEN ÜBER FOLGENDE VORTEILE

- Leistungssteigerung
- besserer Schlaf
- gesündere, glatte Haut
- positive Auswirkung auf Gedächtnis und Geist, gute Laune
- weniger Blähungen und Verdauungsprobleme

- seltener Kopfschmerzen und Migräne
- weniger Glieder- und Gelenkschmerzen
- verbessertes Immunsystem und daher eine geringere Anfälligkeit für Krankheiten

WIE FUNKTIONIERT DIE PALEO-ERNÄHRUNG?

Sie basiert im Wesentlichen auf Nahrungsmitteln, die unserem Körper gut tun. Auf

FLEISCH   FISCH   NÜSSEN   SAMEN   FRÜCHTEN   GEMÜSE

Unsere Ernährung hat die falsche Richtung eingeschlagen. Wir sind abhängig geworden von synthetischen und industriell hergestellten Nahrungsmitteln, die zu schwerwiegenden Problemen führen (wie Diabetes und Adipositas); und selbst, wenn wir glauben, dass wir uns gesund ernähren, greifen wir häufig zu den falschen Lebensmittelgruppen – etwa zu Körnern, Milchprodukten und Hülsenfrüchten, die Verdauungsprobleme, Leistungsabfall, Gelenkschwellungen, Sodbrennen, Akne zur Folge haben können. Die Liste ließe sich noch beliebig fortsetzen.

Es gibt eine bessere Art zu leben, und zwar mithilfe der Paleo-Ernährung. Der Name (auch Urgeschmack- oder Steinzeit-Ernährung) leitet sich von der Ernährung im Paläolithikum bzw. der Altsteinzeit ab, als unsere Vorfahren vor etwa 2 Millionen Jahren hauptsächlich Fleisch, Fisch, Nüsse, Samen, Früchte und Gemüse aßen und bestens gediehen.

Mit der Entwicklung der Menschheit haben sich auch unser Lebensstil und unsere Ernährung extrem verändert. Durch die Sesshaftwerdung und die Einführung der Landwirtschaft hielten Getreide, Milchprodukte, Hülsenfrüchte, Salz, Zucker und Alkohol Einzug in unsere Ernährung. Im letzten Jahrhundert kamen schließlich noch der Einsatz von Chemikalien in der Landwirtschaft, die Massenproduktion von Fertigprodukten und der immer größer werdende Anteil von chemischen und künstlichen Zusatzstoffen in der Nahrung dazu.

Vieles von dem, was wir heute essen, hat gar keinen Nährwert mehr, sondern ist stattdessen voll mit ungesunden Fetten, versteckten Salzen, Zucker und jeder Menge Zusatzstoffen, darunter Farbstoffen, Konservierungsstoffen, Stabilisatoren, Geschmacksverstärkern, künstlichen Aromen, Säureregulatoren und diversen Füllstoffen. Schätzungen zufolge isst ein durchschnittlicher Erwachsener in Europa allein 2,25 kg dieser Zusatzstoffe pro Jahr.

Gleichzeitig gibt es immer neue Studien über unseren stetig schlechter werdenden Gesundheitszustand. Die Zahl der an Diabetes melitus erkrankten Menschen in Deutschland ist inzwischen auf 7 Millionen gestiegen. Aan schätzt, dass es bis 2030 sogar über 8 Millionen Diabetiker sein werden. Jedes Jahr rühren 41 % der Todesfälle von Herz-Kreislauf-Erkrankungen her, und gut 50 % aller Europäer sind übergewichtig. Immer mehr Menschen entwickeln eine Hypersensibilität gegenüber Gluten und Laktose; da dies häufig unentdeckt bleibt, leben viele Betroffene über Jahre mit chronischen Symptomen, die ihr Befinden stark beeinträchtigen. Immer mehr Menschen vermuten die Ursache für die stark gestiegene Zahl chronischer Krankheiten in der westlichen Welt in unseren modernen Essgewohnheiten. Unsere Ernährung hat so gut wie nichts mehr mit dem zu tun, was unsere Vorfahren einst in der Steinzeit zu sich nahmen – wobei sich unser Erbgut in dieser Zeit kaum verändert hat. Viele Experten sind daher der Meinung, dass der menschliche Körper, genetisch betrachtet, der modernen Ernährung nicht gewachsen ist. In der Ernährungsweise unserer Vorfahren sehen sie daher einen Schlüssel zur Reduzierung vieler Krankheiten.

Doch die Paleo-Ernährung kann noch mehr, als nur langfristig eine bessere Gesundheit zu garantieren. Sie verhilft uns unmittelbar zu mehr Energie, einem gesünderen Immunsystem, zu Vitalität und einem größeren Wohlbefinden.

10 GRÜNDE FÜR DIE »STEINZEIT«-ERNÄHRUNG

1

Sie basiert auf unverarbeiteten und unveränderten Nahrungsmitteln und enthält dadurch weniger Zusatzstoffe, weniger ungesunde Transfettsäuren und keine versteckten Zuckerarten und Salze.

2

Sie enthält wenig Salz und viel Kalium und senkt dadurch den Blutdruck.

3

Sie basiert auf reichlich Obst und Gemüse und erleichtert dadurch die Aufnahme von ausreichend Vitaminen und Mineralien.

4

Sie enthält wenig gesättigte Fettsäuren, aber reichlich gesunde Fette. Das senkt den Cholesterinspiegel und steigert die körpereigene Abwehr.

5

Sie enthält viele Proteine und Ballaststoffe und sorgt so für ein längeres Sättigungsgefühl beziehungsweise beugt Fressattacken vor.

6

Sie sorgt für einen ausgewogenen Stoffwechsel und hilft dadurch, ungewollter Gewichtszunahme vorzubeugen.

7

Sie ist glutenfrei und wirkt Blähungen und Verdauungsproblemen entgegen.

8

Sie hat einen niedrigen glykämischen Index und hilft daher, Schwankungen im Blutzuckerspiegel zu vermeiden.

9

Sie ist reich an sekundären Pflanzenstoffen, die bei gewissen Formen von Krebserkrankungen und bei Demenz günstig wirken können.

10

Sie trägt zu einem ausgeglichenen pH-Spiegel im Körper bei, während unsere moderne Ernährung einen Säureanstieg begünstigt und dadurch zu einer ganzen Reihe von Problemen führen kann – angefangen bei Kalziummangel in den Knochen, über Nierensteine, Arthitis, dauerhafte Müdigkeit, Kopfschmerzen usw. Die Steinzeit-Ernährung begünstigt hingegen eine Alkalisierung des Stoffwechsels.

PRINZIPIEN DER »STEINZEIT«-ERNÄHRUNG

Der Gastroenterologe Walter L. Voegtlin wies im Jahr 1975 als einer der ersten Wissenschaftler darauf hin, dass eine Ernährung in Anlehnung an die Steinzeit der Schlüssel zu einer besseren Gesundheit sein könnte. Seitdem wurden immer mehr Belege entdeckt, die seine Idee stützen; darunter Veröffentlichungen in renommierten Fachzeitschriften wie dem »American Journal of Clinical Nutrition« oder auch dem »British Journal of Nutrition«.

Das Grundprinzip basiert auf der Annahme, dass die Ernährung unserer Vorfahren wichtige Erkenntnisse darüber liefert, was wir heute essen sollten: Körner, Milchprodukte, Hülsenfrüchte und Pflanzenfette sollten vermieden, dafür hochwertiges Fleisch, Fisch, Eier, Früchte, Gemüse, Nüsse und Samen verzehrt werden, da sie alles enthalten, was uns ein aktives und gesundes Leben ermöglicht. Doch weil sich auch die Paleo-Ernährung weiterentwickelt, gibt es immer noch einige Grauzonen in Bezug auf das, was unsere Vorfahren wirklich gegessen haben; es handelt sich hier also keineswegs um einen Alles-oder-nichts-Plan. Beachten Sie also die Grundprinzipien und entwickeln Sie daraus eine Form, die Ihnen gut tut. Hören Sie auf Ihren Körper!

Die Paleo-Ernährung bedeutet eine bestimmte Art zu leben. Es geht nicht um feste Vorschriften, an denen man eine Zeitlang festhält, um sein Gewicht zu reduzieren, bevor man wieder zu seinen alten Essgewohnheiten zurückkehrt. Doch wer erst einmal gespürt hat, welches Wohlbefinden und welche Leistungssteigerung man dadurch erreicht, wird gar nicht erst in die Versuchung geraten, in seine alten Gewohnheiten zu verfallen. Wer jetzt immer noch nicht so ganz überzeugt ist, sollte einfach die Paleo-Ernährung zwei Wochen lang ausprobieren und dann für sich prüfen, wie er sich fühlt!

MIT AUGENMASS

SALZ

Eine stark salzhaltige Ernährung erhöht das Risiko für Bluthochdruck und bringt den Säurebasenhaushalt des Körpers durcheinander. In den Rezepten verzichte ich daher bewusst auf Salz und setze stattdessen andere Aromen ein, z.B. Kräuter und Gewürze; so werden Sie das Salz gar nicht vermissen. Man gewöhnt sich leicht an einen »salzigen Geschmack«, kann diese Gewohnheit aber ebenso leicht wieder loswerden, indem man die Salzmenge stetig reduziert und seinen Geschmacksnerven Zeit gibt, sich daran anzupassen.

BIO-HONIG

Unser Körper verarbeitet alle Zuckerarten auf die gleiche Weise, und so führt auch Honig im Körper zu einer Insulinausschüttung; daher empfehle ich zum Süßen ausschließlich Bio-Honig und Stevia – beides jedoch in Maßen. Bio- bzw. naturbelassener Honig wird nicht pasteurisiert und enthält daher noch alle guten Vitamine und Mineralien. Stevia ist ein rein pflanzliches, kalorienfreies Süßungsmittel. Wer mit der Diät wirklich gute Ergebnisse erzielen will, sollte in den ersten 30 Tagen ganz auf raffinierten Zucker verzichten. Ihr Geschmacks-empfinden wird sich ändern, und Sie werden nicht länger das Gefühl haben, nicht ohne größere Mengen zusätzlicher Süßstoffe auskommen zu können.

ALKOHOL

Ein Glas Wein ab und zu stellt kein Problem dar, allerdings sollte man sich immer bewusst machen, dass Alkohol toxisch wirkt und daher nur in Maßen konsumiert werden sollte. Zudem sollte man auf Alkohol verzichten, der aus Paleo-unfreundlichen Lebensmitteln hergestellt wurde, z.B. Bier (gebraut aus Getreide), Wodka (aus Kartoffeln), Whisky (aus Getreide) und Sake (aus Reis).

WURZEL-GEMÜSE

Der Genuss stärkehaltiger Gemüse gehört zu den Grauzonen der Steinzeit-Ernährung. Kartoffeln sollten definitiv gemieden werden, hingegen enthalten z.B. Süßkartoffeln keine antinutritiven Stoffe und wirken sich daher nicht negativ auf unseren Blutzuckerspiegel aus. Viele Naturvölker, unter anderem die Kitava auf Papua-Neuguinea, essen regelmäßig Yamswurzeln, Süßkar-toffeln, Taro und Tapioka und leiden nicht unter Beeinträchtigungen. Daher habe ich dieses Gemüse unter »mit Augenmaß« aufgenommen.

ESSIG

Streng genommen wurde Essig erst nach Einführung der Landwirtschaft in unseren Speiseplan aufgenommen und zählt daher nicht zu den Paleo-Lebens-mitteln. Wer jedoch Essig verwenden will sollte Apfelessig, Aceto balsamico oder Rot-/Weißweinessig verwenden. Da Essig den Säurebasenhaushalt unseres Körpers durcheinanderbringen kann, sollte man ihn nur moderat konsumieren.

VERMEIDEN

INDUSTRIELL VERARBEITETE LEBENSMITTEL

Die Rede ist natürlich von Fastfood und Fertiggerichten! Man braucht kein Diplom als Lebensmittelexperte, um zu wissen, dass uns diese Lebensmittel nicht gut tun, selbst wenn man kein Anhänger der Paleo-Ernährung ist, denn sie sind vollgestopft mit allen möglichen Zusatzstoffen, Salzen und Zuckerarten. Umgekehrt wurden industriell verarbeiteten Lebensmitteln auch noch für unseren Körper wichtige Nährstoffe entzogen – Ballaststoffe, Vitamine, Mineralien und sekundäre Pflanzenstoffe.

RAFFINIERTER ZUCKER UND KÜNSTLICHE ZUCKERZUSÄTZE

Z. B. weißer Zucker, Fruktose, Glukosezucker mit hohem Fruktosegehalt, Traubenzucker, Maissirup, Agavensirup, Rübensirup, Malzsirup, Melasse, Reissirup, Marmelade und Gelee, Ketchup, Sojasauce, BBQ-Sauce usw. Im Gegensatz zum natürlichen Zucker der Früchte (der immer auch wichtige Nährstoffe enthält) bietet raffinierter Zucker keinerlei positive Aspekte. Alle Zuckerarten (sogar unraffinierter Zucker im Honig) fördern die Insulinproduktion und damit die Fettspeicherung im Körper.

GETREIDE UND LEBENSMITTEL, DIE GETREIDE ENTHALTEN

Z. B. Mehl, Gerste, Reis, Mais, Hirse, Amaranth, Wildreis, Buchweizen, Spelz, Roggen, Quinoa, Brot, Nudeln, Kekse, Gebäck, Cracker, Kuchen, Bagel, Muffins, Pfannkuchen, Tortillas, Couscous, Haferflocken, Müsli, Bier usw. Getreide wurde erst nach Einführung der Landwirtschaft Bestandteil unserer Ernährung, unsere Steinzeit-Vorfahren kamen noch ohne aus. Gluten, ein in vielen Getreidearten (z. B. Weizen, Roggen und Gerste) enthaltenes Klebereiweiß, kann zu Irritationen und krankhaften Veränderungen in der Bauchspeicheldrüse führen, was wiederum Verdauungsprobleme nach sich ziehen kann. Wichtige Nährstoffe können dann vom Körper nicht mehr richtig aufgenommen werden. Da Getreide viele Kohlenhydrate enthält, die im Körper zu Glukose-Zucker-Bausteinen abgebaut werden, kommt es zu ständigen Insulinspitzen, was wiederum Fettablagerungen begünstigt. Zudem hemmt die in Getreide enthaltene Phytinsäure die Aufnahme wichtiger Mineralien.

MILCH-PRODUKTE	Z.B. Milch, Butter, Käse, Crème fraîche, Sahne, Eis, Joghurt usw. Kuhmilch soll Kälbern einen guten Start ins Leben ermöglichen, sie ist aber nicht dafür gedacht, dass der Mensch sie ein Leben lang zu sich nimmt. In der Tat sind wir Menschen die einzige Spezies, die nach der Stillzeit weiterhin Milch trinkt. Schätzungen zufolge leiden drei Viertel der Menschen weltweit unter einer Laktoseintoleranz mit unterschiedlich stark ausgeprägten Symptomen wie Aufgasung, Blähungen, Krämpfen, Verdauungsstörungen, Übelkeit, Durchfall und Verstopfung. Es gibt Vermutungen, dass uns ein Verdauungsenzym fehlt, das diese Probleme verursacht. Milch und Milchprodukte gelten als säureproduzierende Lebensmittel, die den Säure-Basen-Haushalt des Körpers empfindlich stören.
BOHNEN & HÜLSEN-FRÜCHTE	Z.B. Adzuki-Bohnen, weiße Bohnen, Bohnensprossen, schwarze Bohnen, Erbsen, Saubohnen, Cannellini-Bohnen, Kichererbsen, Kidneybohnen, Linsen, Lima-Bohnen, Kaiserschoten, Mungbohnen, Erdnüsse, Erdnussbutter, Wachtelbohnen, Zuckererbsen, Sojabohnen und verwandte Produkte (Tofu, Miso, Sojamilch und Sojasauce) usw. Genau wie Getreide enthalten auch Bohnen und Hülsenfrüchte antinutritive Stoffe (Lektine und Phytinsäure), die die Darmschleimhaut irritieren können und Probleme wie Blähungen und Durchfall verursachen. Diese Lektine können zudem eine erhöhte Darmdurchlässigkeit fördern, was dazu führt, dass größere Partikel die Darmwand passieren können und in den Blutkreislauf gelangen. Häufig ist dies der Beginn von Lebensmittelunverträglichkeiten.
PFLANZENÖLE & ÖLE AUS SAMEN	Z.B. Rapsöl, Canolaöl, Palmöl, Erdnussöl, Distelöl, Sonnenblumenöl, Sojabohnenöl, Margarine usw. Diese Öle sind reich an Omega-6-Säuren (die sich stark von den gesunden Omega-3-Säuren unterscheiden) und können Entzündungen verursachen – eine der Hauptverursacher von Herzkrankheiten und anderen Problemen, darunter z.B. Arthritis.
KARTOFFELN	Kartoffeln enthalten Saponine – antinutritive Stoffe, die den Darm schädigen können. Außerdem sind sie aufgrund der in ihnen enthaltenen Stärke sehr reich an Kohlenhydraten, die Blutzuckerspitzen verursachen und damit die Insulinausschüttung anregen.

AB IN DIE STARTLÖCHER

Zu Beginn mag die Paleo-Ernährung ein wenig entmutigend erscheinen, doch wer sich gründlich darauf vorbereitet und seinen neuen Lebensstil bewusst plant, für den wird sie schon bald völlig selbstverständlich.

Experten empfehlen, dass man sich während der ersten 30 Tage strikt an die Diät hält, um seinen Körper zu entgiften und um die eigene Biochemie wieder ins Gleichgewicht zu bringen. Außerdem hilft das enorm, mit alten (schlechten) Gewohnheiten zu brechen. Falls Sie sich bisher hauptsächlich von industriell gefertigten Lebensmitteln und Fertignahrung ernährt haben, die jede Menge raffinierte Kohlenhydrate und Zucker enthalten, könnten die ersten Tage etwas hart werden. Und selbst, wenn Sie das Gefühl hatten, sich bislang auch schon gesund und ausgewogen ernährt zu haben, stellt die Paleo-Ernährung vielleicht trotzdem zunächst aufgrund der versteckten Zucker-, Salz- und anderen Zusätze in angeblich »gesunden« Lebensmitteln eine Herausforderung für Sie dar. Viele Menschen spüren aber schon nach ein paar Tagen die positiven Auswirkungen der Paleo-Ernährung, bei anderen dauert es etwas länger. Wer sich an die Grundsätze der Paleo-Ernährung hält wird jedoch schnell die Vorteile sehen und spüren und dann nicht mehr zurückschauen wollen.

Der Schlüssel zur Vorbereitung dieser Ernährungsform liegt darin, Ihrer Küche eine Paleofreundliche Atmosphäre zu verpassen und den Kühlschrank, das Tiefkühlfach und die Vorratsschränke von »verbotenen« Lebensmitteln zu befreien und mit den Waren zu bestücken, die ich auf den Seiten 16 und 17 nenne.

Außerdem rate ich Ihnen, Mahlzeiten, so oft es geht, selbst zuzubereiten, denn nur so wissen Sie wirklich, was Sie essen. In Restaurants sollten Sie im Zweifel lieber nachfragen, beim Einkaufen die Etiketten gründlich studieren und sich vor Nahrungsmitteln hüten, die Sie nicht kennen. Achten Sie auf folgende Bezeichnungen:

WICHTIGE BEZEICHNUNGEN

• Biodynamischer Anbau, aus regionalem Anbau, Saisonware – biologisch angebaute Früchte und Gemüse sind nicht nur besser für die Umwelt, sondern auch für den eigenen Körper, da sie mehr Nährstoffe enthalten.

• Aus Weide- oder Freilandhaltung: Fleisch aus Weidehaltung hat einen ausgewogeneren Fettsäurespiegel (mehr Omega-3-Fette, weniger Omega-6-Fette). Achten Sie unbedingt darauf, Fleisch zu kaufen, das frei von Antibiotika und anderen chemischen Rückständen ist.

• Freilandhaltung: Hühner, die auf richtiger Erde scharren können, sind viel gesünder als Hühner aus Käfighaltung. Daher haben auch ihre Eier einen nachweislich höheren Nährwert.

• Nachhaltige Produktion: Fisch und Schalentiere sollte man ausschließlich aus nachhaltiger Zucht kaufen. Am besten sind die wild gefangenen Meerestiere, denn Tiere aus Aquakulturen sind häufig mit Chemie und Antibiotika gefüttert worden und weniger reich an Proteinen und Omega-3-Fettsäuren.

DIE 80/20-REGEL

Falls Sie die Vorstellung, nie wieder einen Bagel, ein Müsli oder ein Glas Wein genießen zu können, in Panik versetzt, machen Sie sich keine Sorgen, denn in der Paleo-Küche gibt es die 80/20 Regel, die besagt, dass man sich nur zu 80 % strikt an die Regeln halten sollte, aber die restlichen 20 % ruhig locker sehen kann. Man darf sich also ab und zu mal mit einem Nachtisch belohnen – aber ich empfehle Ihnen dennoch, zumindest in den ersten Wochen den Ernährungsplan streng einzuhalten, schon um herauszufinden, wie viel besser Sie sich dann fühlen. Und bei den fantastischen Rezepte in diesem Buch haben Sie kaum einen triftigen Grund, etwas anderes zu kochen!

DER 10-TAGE-TEST

LAUT EINER IM »EUROPEAN JOURNAL OF CLINICAL NUTRITION« VERÖFFENTLICHTEN STUDIE HABEN WISSENSCHAFTLER DER UNIVERSITY OF CALIFORNIA HERAUSGEFUNDEN, DASS SICH BEI TESTPERSONEN, DIE SICH 10 TAGE LANG STRENG AN DIE PALEO-ERNÄHRUNG GEHALTEN HABEN, DER BLUTZUCKERSPIEGEL GESENKT HAT, DASS SIE WENIGER INSULIN PRODUZIERTEN, DASS IHR BLUTDRUCK UND IHR CHOLESTERINSPIEGEL NIEDRIGER GEWORDEN WAREN UND IHR BLUT WENIGER LDL-CHOLESTERIN UND TRIGLYCERIDE ENTHIELT.

DIE PALEO-EINKAUFSLISTE

FLEISCH, FISCH & EIER

Frisches *Fleisch*, Geflügel, Wild und Innereien – Rind, Huhn, Ente, Reh, Hirsch, Wildschwein, Fasan, Rebhuhn, Ziege, Lamm, Schwein, Kaninchen, Truthahn, Kalb, Wildbret
Eier – vom Huhn, von der Gans, von der Ente und sogar vom Strauß
Fisch (und Fischrogen) und Schalentiere (frisch, tiefgefroren und aus Konserven)

OBST & GEMÜSE

Ananas, Äpfel, Aprikosen, Bananen, Beeren, Cranberries, Datteln, Drachenfrucht, Feigen, Granatäpfel, Kakis, Kirschen, Kiwis, Litschis, Mangos, Maracujas, Melonen, Nektarinen, Pfirsiche, Pflaumen, Sternfrüchte (Karambole), Weintrauben, Zitrusfrüchte
Artischocken, Auberginen, Blumenkohl, Brokkoli, Brunnenkresse, Grünkohl, Gurken, Kohl, Kohlrabi, Kürbis, Lauch, Möhren, Okras, Oliven, Pak Choi, Pastinaken, Pilze, Radieschen, Rosenkohl, Rübchen, Salat, Sellerie, Spargel, Spinat, Tomaten, Wirsing, Zwiebeln, Zucchini
Algen und Seegras – Kombu, Nori, Wakame, Glasschmalz usw.
Obst und Gemüse aus der Dose (darauf achten, dass es zuckerfrei ist und kein Natrium enthält)

NÜSSE

Cashewkerne, Haselnüsse, Macadamianüsse, Mandelkerne, Maronen, Paranüsse, Pekannüsse, Pinienkerne, Pistazien, Walnüsse (Erdnüsse passen nicht zur Paleo-Ernährung, da es eigentlich Hülsenfrüchte sind)
Butter aus Nüssen, z.B. Mandelbutter, Macadamianussbutter, Cashewbutter
Mandelmehl (fein geriebene blanchierte Mandeln) ist ideal zum Backen und kann als Ersatz für normales Weizenmehl verwendet werden.

SAMEN

Kürbiskerne, Leinsamen, Sesam, Sonnenblumenkerne

ÖLE & FETTE

Avocadoöl, Haselnussöl, Kokosöl, Leinöl, Macadamianussöl, Olivenöl, Sesamöl, Walnussöl
Speck, Talg

GETRÄNKE

Gefiltertes Wasser, Quellwasser, Kräutertee, Kokoswasser, frisch gepresste Obst- und Gemüsesäfte

AROMEN & SAUCEN	*Fischsaucen* – es sind jedoch nicht alle Fischsaucen geeignet, da viele Fischsaucen mit Fruktose, Zucker und hydrolysierten Weizenproteinen angereichert wurden. Es gibt aber auch Hersteller (u. a. Red Boat Brand), die Fischsauce praktisch ohne Zusätze aus wild gefangenen schwarzen Anchovis und Meersalz herstellen.

Fischsaucen – es sind jedoch nicht alle Fischsaucen geeignet, da viele Fischsaucen mit Fruktose, Zucker und hydrolysierten Weizenproteinen angereichert wurden. Es gibt aber auch Hersteller (u. a. Red Boat Brand), die Fischsauce praktisch ohne Zusätze aus wild gefangenen schwarzen Anchovis und Meersalz herstellen.

Currypaste – es gibt viele Currypasten, die sich für die Steinzeit-Ernährung eignen. Kontrollieren Sie jedoch immer das Etikett auf die darin enthaltenen Zutaten. Currypaste lässt sich jedoch auch ganz leicht selber herstellen.

Meersalz – hergestellt durch das Verdunsten des Meerwassers wird es nur minimal weiterverarbeitet, ganz im Gegensatz zu dem meist aus Salzminen stammenden Tafelsalz, das häufig chemische Zusätze enthält.

Coconut Aminos – eine Alternative zur Sojasauce, die aus dem Saft des Kokosnussbaums gewonnen wird.

Senf – achten Sie darauf, dass er frei von Gluten und Milchprodukten ist. Tomatenmark und Paste aus sonnengetrockneten Tomaten – auch sie sollten ohne Gluten und weitere Zucker- oder Salzzusätze hergestellt sein.

Fleisch-, Fisch- und Gemüsebrühe – Bio-Produkte, die wenig Salz enthalten, sind am besten geeignet. Eine gute Brühe ist aber auch schnell selbst zubereitet.

Pfeilwurzpulver – ein natürliches Bindemittel, das anstelle von Maisstärke oder Weizenmehl zum Andicken von Saucen verwendet werden kann.

Kräuter und Gewürze – geben den Speisen ein wunderbares Aroma und enthalten viele Vitamine, Mineralien und pflanzliche Nährstoffe.

SÜSSSTOFFE

Bio-Honig – manche Honigsorten sind ziemlich fest. Damit der Honig vor der Verwendung flüssig wird, kann er leicht erwärmt werden. Den Honig anstelle von Zucker verwenden, wenn es süß schmecken soll.

Stevia – eine Pflanze, die in Paraguay und Brasilien schon seit Jahrhunderten zum Süßen gebraucht wird und inzwischen fast überall erhältlich ist.

KOKOSNUSS

Kokosmehl – besteht aus fein gemahlener, getrockneter Kokosnuss und ist ein wunderbarer Ersatz für Weizenmehl.

Kokosmilch – ein super Ersatz für Milch und die Basis für aromatische Currys. Halten Sie nach Marken Ausschau, die keine Konservierungsstoffe und Guarkernmehl enthalten und wählen Sie eine möglichst fettarme Sorte.

ungesüßte Kokosraspeln oder *-flocken*

HÄUFIG GESTELLTE FRAGEN

IST PALEO AUCH FÜR KINDER GEEIGNET?

Die Steinzeit-Ernährung ist sehr nährstoffreich und bietet auch Heranwachsenden alle Nährstoffe, die sie brauchen. Manche behaupten sogar, sie sei besser für Kinder geeignet als unsere normale Ernährung, da sie raffinierte und industriell verarbeitete Lebensmittel und Süßigkeiten, Gebäck usw. ausklammert. Allerdings sollte man natürlich im Hinterkopf haben, dass Kinder im Wachstum spezielle Bedürfnisse haben und vor allem viel Kalzium brauchen. Daher sollte man ihre Ernährung sorgfältig planen und darauf achten, dass sie genug Energie (Kalorien) und alle Nährstoffe bekommen, die für ihre Entwicklung und ihr Wachstum wichtig sind. Kohlenhydratarme Diäten sind zwar für Erwachsene bestens geeignet, doch für Kinder im Wachstum sind Kohlenhydrate ein wichtiger Energielieferant. Viele Eltern ändern daher die Regeln ein wenig ab und fügen dem Speiseplan ein paar natürliche Kohlenhydrate wie Kartoffeln, Süßkartoffeln und andere stärkehaltige Gemüse hinzu.

EIGNET SICH PALEO AUCH FÜR DIABETIKER?

Eine der großen Vorzüge der Paleo-Küche besteht darin, dass sie die Insulinausschüttung und die Kontrolle des Blutzuckerspiegels im Blick hat – zwei wichtige Pluspunkte für Menschen, die an einer Diabetes 2 leiden. Da die Gefahr einer Herzerkrankung für Diabetiker zudem höher ist, profitieren sie von einem Ernährungsplan, der wenig Salz und viele gesunde Fettsäuren vorsieht. Allerdings darf man so viel Obst essen, wie man möchte und da Obst reich an natürlichem Zucker ist, sollten Diabetiker ihren Konsum sorgfältig überwachen. Menschen, die an einer Insulinabhängigen Diabetes 1 leiden, sollten vorher mit ihrem Arzt über diese Ernährungsform sprechen.

EIGNET SICH PALEO AUCH FÜR VEGETARIER?

Fleisch und Fisch sind als Proteinlieferanten ein Hauptbestandteil der Paleo-Ernährung und stellten für die Menschen der Steinzeit die Hauptnahrungsquelle dar. Getreide und Hülsenfrüchte – eine wichtige Proteinquelle für Vegetarier – sind wiederum in der Steinzeit-Ernährung nicht gestattet, daher kann es für Vegetarier tatsächlich sehr schwierig sein, sich an den hier vorgestellten Ernährungsplan zu halten. Ich empfehle Vegetariern daher, einen Ernährungsberater zu bitten, das Konzept an ihre Bedürfnisse anzupassen, bevor sie einen Versuch wagen.

ICH BIN SCHWANGER. KANN ICH TROTZDEM DEN ERNÄHRUNGSPLAN BEFOLGEN?

Ja, denn die Steinzeit-Diät ist perfekt geeignet, schwangere Frauen mit allen wichtigen Nährstoffen zu versorgen. Außerdem mindert sie das Risiko an einer mit der Schwangerschaft verbundenen Krankheit wie der Schwangerschafts-Diabetes zu erkranken.

HILFT MIR DIE PALEO-ERNÄHRUNG, MEIN GEWICHT ZU REDUZIEREN?

Auch wenn die Steinzeit-Ernährung primär nicht als Reduktionsdiät gedacht ist, hilft sie doch vielen Menschen, überflüssige Pfunde loszuwerden. Dafür gibt es mehrere Erklärungen: Der Verzicht auf stark raffinierte Kohlenhydrate und solche mit hohem glykämischen Index senkt den Insulinspiegel, und da Insulin den Körper zu Fettablagerungen anregt, hilft eine Reduzierung des Insulins bei der Gewichtsreduktion. Eine weitere Theorie besagt, dass die Steinzeit-Ernährung für einen ausbalancierten Stoffwechsel sorgt und man daher mehr Kalorien verbrennt. Da die Paleo-Speisen reich an Proteinen und Ballaststoffen sind, sorgen sie zudem für ein schnelleres und langanhaltenderes Sättigungsgefühl und unterbinden somit Heißhungerattacken.

NEHME ICH DABEI AUCH GENÜGEND KALZIUM ZU MIR?

Milchprodukte sind reich an Kalzium, was wiederum wichtig für eine gesunde, kräftige Knochenstruktur ist. Allerdings gibt es neben Milchprodukten viele andere Nahrungsmittel, die reichlich Kalzium enthalten:

- Fisch, der mit Gräten gegessen wird (z. B. Sardinen und Lachs aus der Dose)
- Grünkohl und andere grüne Blattgemüse
- Nüsse und Samen, vor allem Sesam und Mandeln
- getrocknete Aprikosen und Feigen
- Orangen

	ETB Kalzium		Kalzium (mg)
Kinder 4 – 6 Jahre	450 mg	100 g Sardinen	500 mg
Kinder 7 – 10 Jahre	550 mg	80 g Grünkohl	120 mg
Jungen 11 – 18 Jahre	1000 mg	25 g Mandeln	60 mg
Mädchen 11 – 18 Jahre	800 mg	2 EL Mandelbutter	86 mg
Männer & Frauen	700 mg	100 g Dosenlachs	300 mg
Stillende Mütter	1250 mg	25 g getr. Aprikosen	25 mg
Frauen nach der Menopause	1000 mg	1 EL Sesam	100 mg
		1 Orange	70 mg
		80 g Brokkoli	32 mg
		100 g Brunnenkresse	170 mg

WIE SIE DIESES BUCH BENUTZEN SOLLTEN

Mit den Paleo-Rezepten in diesem Buch lässt sich ein hoher gesundheitlicher Nutzen erzielen, und die Gewichtsreduktion ist häufig noch ein zusätzlicher Bonus. Da Sie sich vielleicht dieses Buch besorgt haben, um abzunehmen, habe ich es so aufgebaut, dass Sie Ihre Bemühungen maximieren können und dabei hoffentlich von meinen Rezepten profitieren werden.

Ich habe ja bereits erzählt, dass ich als Teenager ziemlich übergewichtig war. Damals habe ich gemerkt, dass ich, um mein Gewicht zu reduzieren, meine Einstellung zum Essen ändern muss, und habe daher angefangen, nach der besten und effizientesten Methode zu forschen. In diesem Zusammenhang begann ich, mich für einen New Yorker Arzt namens Howard Hay zu interessieren, der als Erster ein Konzept zur Kombination bestimmter Lebensmittelgruppen entwickelte und der Theorien entwarf, die sich als extrem einflussreich auf unsere moderne Ernährung erwiesen haben.

Hay fand heraus, dass bestimmte Nahrungsmittel nur in einem sauren Milieu verdaut werden können, andere wiederum nur in einem alkalischen. Da die meisten unserer Mahlzeiten eine Mischung beider Gruppen enthalten, kann ihre Verdauung nicht zum selben Zeitpunkt stattfinden; das führt häufig zu einem unausgewogenen Säurebasenhaushalt im Körper und verursacht Verdauungsprobleme.

Hays Lösung bestand darin, Mahlzeiten entweder ausschließlich aus basenbildenden Lebensmitteln (Obst und Gemüse) oder aus ausschließlich säurebildenden Lebensmitteln (z. B. Fisch, Fleisch, Wild, Käse und Eiern) zu kreieren, aber niemals beide Gruppen miteinander zu kombinieren.

Lebensmittel, die Kohlenhydrate oder Stärke in hoch konzentrierter Form enthalten (Getreide, Brot, sämtliche Lebensmittel, die Mehl, Zucker oder Saccharose beinhalten, also keinen natürlichen Fruchtzucker), formten eine dritte säurebildende Gruppe, mussten jedoch von den Proteinen getrennt werden, weil sie wieder ein anderes Milieu für die Verdauung benötigen.

Um abzunehmen, übernahm ich das Prinzip der Hayschen Trennkost und habe es nie bereut. Da es bei mir funktionierte, bin ich sicher, dass es auch bei Ihnen funktionieren kann, und habe daher die Rezepte in diesem Buch mit unterschiedlichen Farben gekennzeichnet: Die grünen Rezepte beinhalten laugenbildende Früchte und Gemüse, die roten basieren auf säurebildenden Proteinen. Für eine ausgeglichene Ernährung, und um die besten Ergebnisse beim Abnehmen zu erzielen, rate ich Ihnen, sich einen ganzen Tag lang nur von »roten Gerichten« zu ernähren und am nächsten Tag ausschließlich »grüne Rezepte« zu wählen und diesen Rhythmus die Woche über beizubehalten. Wer sich ganz strikt an die Paleo-Ernährung halten möchte, kann die Rezepte nach seinen persönlichen Vorlieben auswählen. Egal welchen Weg Sie wählen, ich garantiere Ihnen ausgezeichnete Ergebnisse.

Jetzt aber los! Werden Sie noch heute Teil der Paleo-Revolution!

FRÜHSTÜCK & BRUNCH

In den meisten asiatischen Hotels werden diese kleinen gedämpften Ei-Suppen nicht nur zum Frühstück serviert, sondern sind auch als Vorspeise sehr beliebt. Ihre Konsistenz sollte homogen sein und einer zarten Eiercreme entsprechen, daher ist es wichtig, sie lange auf möglichst niedriger Temperatur zu dämpfen.

JAPANISCHE EI-SUPPE (CHAWAN MUSHI)

153 Kal. | 10,3 g Fett | 2,7 g ges. Fettsäuren | 0,3 g Zucker | 0,9 g Salz | 15,5 g Proteine | 0,2 g Ballaststoffe

4 Portionen

6 Eier
Gemüsebrühe oder
    Dashi (die Menge
    sollte dem Volumen
    der Eier entsprechen)
1 EL Paleo-freundliche
    Fischsauce (z. B. Red
    Boat Brand; nicht
    notwendig, wenn man
    Dashi verwendet)
8 große vorgegarte
    Garnelen
4 Stroh- oder Shiitake-
    pilze, in hauchdünne
    Scheiben geschnitten
1 Frühlingszwiebel,
    in Julienne ge-
    schnitten

Die Eier über einer mittelgroßen Schüssel aufschlagen und mit Stäbchen leicht verquirlen, ohne zu viel Luft unterzumischen. Dashi oder Brühe und Fischsauce einrühren.

Die Mischung auf 4 kleine Förmchen (Ramequin-Formen) aufteilen. Die Förmchen mit Klarsichtfolie umwickeln und 15 – 20 Minuten bei niedriger Temperatur (das Wasser sollte leicht köcheln) dämpfen, bzw. bis die Eier gestockt sind. Am besten eignet sich dafür ein Bambus-Dampfgarer.

Die Förmchen anschließend sofort für mindestens 3 Stunden, am besten aber über Nacht, in den Kühlschrank stellen.

Die Klarsichtfolie entfernen und die Ei-Suppe, mit Garnelen, Pilzen und Frühlingszwiebeln garniert, servieren.

 TIPP DASHI IST EINE TRADITIONELLE JAPANISCHE BRÜHE, DIE AUS BONITO-FLOCKEN UND KOMBU-ALGEN (REICH AN KALIUM, KALZIUM, JOD UND DEN VITAMINEN A UND C) ZUBEREITET WIRD. HÄUFIG WIRD SIE MIT REISWEIN, REISESSIG ODER SOJASAUCE AROMATISIERT, DIE MAN ABER DURCH PALEO-FREUNDLICHEN KOKOSNUSSESSIG UND KOKOSNUSS-AMINOS (SAFT DES KOKOSNUSSBAUMS) UND MEERSALZ ERSETZEN KANN. DER GESCHMACK ÄHNELT DANN DEM VON SOJASAUCE.

Zu einem ausgiebigen Sonntagsbrunch gehören einfach Pfannkuchen, und wer sagt, dass man sie nicht auch in die Steinzeit-Ernährung integrieren kann. Einfach das normale Weizenmehl durch Kokosnuss- und Mandelmehl ersetzen und schon lassen sich locker leichte, glutenfreie Pfannkuchen backen.

PANCAKES MIT
BEEREN UND AHORNSIRUP

532 Kal. | 37,6 g Fett | 5,7 g ges. Fettsäuren | 18,5 g Zucker | 0,4 g Salz | 24,5 g Proteine | 12 g Ballaststoffe

2 Portionen

100 g Mandelmehl
1 EL Kokosmehl
3 Eier
75 ml Pflaumensaft
¼ TL frisch gemahlene
    Muskatnuss
etwas Öl (z.B. Sonnen-
    blumenöl)
200 g frische Beeren
1 EL dunkler Ahornsirup
    oder Bio-Honig

In einer großen Rührschüssel die beiden Mehlsorten, die Eier und 50 ml Wasser mit einem Schneebesen zu einem glatten Teig verrühren. So lange rühren, bis sich alle Klümpchen aufgelöst haben. Den Pflaumensaft und die Muskatnuss unterrühren und 1 – 2 Minuten ruhen lassen.

Eine antihaftbeschichtete Pfanne bei mittlerer Temperatur etwa 2 – 3 Minuten vorwärmen, bis sie richtig heiß ist, und dann etwas Öl hineingeben. Jeweils einen Löffel Teig in die Pfanne geben (die Pfannkuchen am besten nacheinander ausbacken) und den Pfannkuchen von beiden Seiten je 1 – 2 Minuten backen.

Die fertigen Pfannkuchen auf einem Teller anrichten und mit frischen Beeren und etwas Ahornsirup oder Bio-Honig garnieren.

 TIPP DIE PFANNKUCHEN AUSBACKEN, SOBALD DER TEIG FERTIG IST, DA DAS KOKOSNUSSMEHL QUELLEN KANN UND DER TEIG DADURCH LEICHT ZU ZÄH WIRD. DEN TEIG NICHT ÜBER NACHT AUFBEWAHREN.

Alle lieben Sushi, doch Reis ist in der Steinzeit-Ernährung nicht erlaubt, daher sind diese kleinen Röllchen ein prima Ersatz. Ich habe sie für das Boutique Hotel »VIE« in Bangkok kreiert, und sie stehen dort immer noch auf der Speisekarte, allerdings ändere ich von Zeit zu Zeit die Füllungen.

FRÜHSTÜCKS-SUSHI
OHNE REIS

406 Kal. | 27,5 g Fett | 5,9 g ges. Fettsäuren | 0 g Zucker | 4,5 g Salz | 41 g Proteine | 0,6 g Ballaststoffe

2 Portionen

4 Eier
frisch gemahlener
    schwarzer Pfeffer
½ EL Olivenöl
2 große Algenblätter
    (Nori)
2 EL sehr feine
    Schnittlauchröllchen
225 g geräucherter Lachs
    (alternativ kann man
    Frühstücksspeck
    verwenden)

Zwei Eier über einer Rührschüssel aufschlagen, mit einer Gabel verquirlen und mit frisch gemahlenem Pfeffer würzen.

Eine schwere antihaftbeschichtete Pfanne bei hoher Temperatur vorheizen und dann das Öl hineingeben. Die verquirlten Eier ins heiße Öl geben und die Pfanne schwenken, damit der ganze Boden von der Eimasse bedeckt wird. Die Eier kurz stocken lassen und 1 – 2 Minuten braten. Die Pfanne anschließend vom Herd nehmen und das Omelette auf einen Teller gleiten lassen, ohne es zu falten. Diesen Vorgang mit den anderen beiden Eiern wiederholen.

Ein Algenblatt auf der sauberen Arbeitsfläche ausbreiten und mit einem Omelette bedecken. Die Hälfte des Schnittlauchs und des geräucherten Lachses darauf verteilen und nach Geschmack würzen.

Das untere Ende des Algenblatts einschlagen und das Algenblatt mit dem Omelette zigarrenförmig fest zusammenrollen. Das obere Ende des Algenblatts mit etwas Wasser befeuchten, damit es besser zusammenhält. Den Vorgang mit dem zweiten Algenblatt und Omelette wiederholen.

Mit einem gezahnten Messer die Ränder hübsch abschneiden und jede Rolle in 4 – 6 kleine Sushi-Happen teilen. Sofort servieren.

Viele Menschen scheuen sich, ein Soufflé zuzubereiten, dabei ist es ganz einfach.
Beim Herausnehmen aus dem Ofen fallen sie ein wenig zusammen;
aber keine Panik – das ist nicht weiter schlimm!

EIER-SOUFFLÉ-OMELETTE

314 Kal. | 19,5 g Fett | 5 g ges. Fettsäuren | 2 g Zucker | 2,4 g Salz | 34,1 g Proteine | 0,8 g Ballaststoffe

1 Portion

2 Eier
2 Eiweiß
1 TL Olivenöl
6 Kirschtomaten,
   halbiert
3 Scheiben Schinken
   (von hoher Qualität,
   keine vorgeschnittene
   Ware), sehr fein
   geschnitten
frisch gemahlener
   schwarzer Pfeffer
1 EL sehr feine
   Schnittlauchröllchen

Die Eier aufschlagen und trennen. Die beiden zusätzlichen Eiweiße zum Eiweiß der getrennten Eier geben und etwa 1 Minute zu steifem Eischnee schlagen.

Die Eigelbe mit dem Mixer schaumig rühren und dann behutsam unter den Eischnee heben.

Das Öl in einer großen antihaftbeschichteten Pfanne mit ofenfestem Stiel erhitzen. Die Eimasse ins heiße Öl geben und die Pfanne schwenken, damit der ganze Boden davon bedeckt wird. Die Eier ein paar Minuten braten und dann die Tomaten und den Schinken dazugeben und mit schwarzem Pfeffer würzen.

Die Pfanne ein paar Minuten unter den auf 250 °C vorgeheizten Backofengrill stellen, bis die Eier luftig aufgegangen sind und etwas Farbe bekommen haben.

Das fertige Soufflé auf einen Teller gleiten lassen, mit Schnittlauch bestreuen und sofort servieren.

Sonnengetrocknete Tomaten sollte man in der Steinzeit-Küche immer im Vorratsschrank haben, denn sie sind sehr aromatisch und von beinah fleischiger Konsistenz und bieten daher den perfekten Start in den Tag – vor allem im Rahmen eines Sonntagsbrunchs.

OMELETTE MIT GETROCKNETEN TOMATEN

350 Kal. | 27 g Fett | 6,3 g ges. Fettsäuren | 3,8 g Zucker | 0,9 g Salz | 24,4 g Proteine | 1,7 g Ballaststoffe

4 Portionen

12 Eier
frisch gemahlener
   schwarzer Pfeffer
1 EL Olivenöl
1 ½ rote Zwiebeln,
   in dünne Scheiben
   geschnitten
2 EL klein gehackte,
   sonnengetrocknete
   Tomaten
12 Kirschtomaten,
   halbiert
1 Handvoll Basilikum-
   blätter, fein ge-
   schnitten und etwas
   zum Garnieren
75 g Brunnenkresse

Die Omelettes sollten möglichst nacheinander gebacken werden, daher zunächst nur 3 Eier über einer großen Rührschüssel aufschlagen und mit einer Gabel etwas verquirlen. Etwas frisch gemahlenen Pfeffer unterrühren.

Einen Spritzer Olivenöl in einer großen antihaftbeschichteten Pfanne erhitzen und die Zwiebelscheiben darin so lange braten, bis sie weich und etwas karamellisiert sind. Auf einem Teller beiseitestellen.

Die verquirlten Eier ins heiße Öl geben und die Pfanne schwenken, damit der ganze Boden gleichmäßig von der Eimasse bedeckt ist und sie schnell stocken.

Jeweils ein Viertel der gebratenen Zwiebeln, der sonnengetrockneten Tomaten, der halbierten Kirschtomaten und des Basilikums darauf verteilen. Die Pfanne 1 – 2 Minuten unter den auf 250 °C vorgeheizten Backofengrill stellen, bis das Omelette etwas Farbe bekommt.

Das fertige Omelette auf einen Teller gleiten lassen und warm halten. Aus den restlichen Zutaten 3 weitere Omelettes backen. Mit etwas pfeffrig würziger Brunnenkresse und ein paar Basilikumblättern garniert, servieren.

Wer Hunger hat kann etwas mehr Eiweiß in die Pfanne geben, denn die darin enthaltenen Proteine sorgen für ein angenehmes Sättigungsgefühl, ohne dass das im Eigelb enthaltene Fett den Körper belastet.

RÜHREI MIT

AVOCADO-SALSA

450 Kal. | 38,2 g Fett | 9,4 g ges. Fettsäuren | 3,5 g Zucker | 0,7 g Salz | 24,5 g Proteine | 4,6 g Ballaststoffe

2 Portionen

1 reife Avocado, geschält, entsteint und klein gewürfelt

1 Handvoll Basilikumblätter, zerrupft

1 große Tomate, entkernt und fein gewürfelt

2 Frühlingszwiebeln, in feine Ringe geschnitten

6 Eier
frisch gemahlener schwarzer Pfeffer
½ EL Olivenöl

Die Avocado, das Basilikum, die Tomate und die Frühlingszwiebeln in einer Schüssel miteinander vermischen.

In einer zweiten Schüssel die Eier etwas verquirlen und mit ein wenig frisch gemahlenem Pfeffer würzen.

Das Olivenöl in einer antihaftbeschichteten Pfanne bei mittlerer Temperatur erhitzen. Die Eimasse hineingeben und etwa eine halbe Minute setzen lassen. Mit einem Holzlöffel die Eimasse behutsam umrühren und wenden, bis sie teilweise gestockt, teilweise aber noch flüssig ist.

Die Pfanne vom Herd nehmen und die Eier noch ein paar Sekunden weitergaren lassen. Das fertige Rührei auf 2 Teller aufteilen und mit einem Löffel etwas Avocado-Salsa daneben anrichten.

 TIPP WER WENIGER FETT MÖCHTE KANN DIE AVOCADOMENGE ETWAS REDUZIEREN UND DAFÜR MEHR TOMATEN IN DIE SALSA GEBEN, ALLERDINGS SOLLTE MAN BEDENKEN, DASS AVOCADOS REICH AN GESUNDEN, EINFACH UNGESÄTTIGTEN FETTSÄUREN SIND, DIE VOM KÖRPER SCHNELL VERBRANNT UND IN ENERGIE UMGESETZT WERDEN KÖNNEN.

Ein wunderbar ausgewogenes Frühstück, denn der Lachs enthält gesunde Omega-3-Fettsäuren, die wichtig für die Hirnfunktion sind, Herzkrankheiten vorbeugen und für schönes Haar und gesunde Fingernägel sorgen. Eier zu pochieren ist wohl die gesündeste Zubereitungsart, da man kein zusätzliches Fett benötigt.

POCHIERTE EIER
MIT RÄUCHERLACHS

310 Kal. | 19,8 g Fett | 5,1 g ges. Fettsäuren | 0,4 g Zucker | 3,9 g Salz | 33,1 g Proteine | 0 g Ballaststoffe

4 Portionen

150 ml weißer Essig
450 g geräucherter Lachs
4 Eier
2 EL feine Schnittlauch-
  röllchen
frisch gemahlener
  schwarzer Pfeffer

Einen großen Kochtopf zur Hälfte mit Wasser füllen und dieses aufkochen. Den Essig hinzugeben (das Verhältnis sollte 4 Teile Wasser zu 1 Teil Essig sein).

In der Zwischenzeit den Lachs auf 4 Teller aufteilen. Sobald das Wasser sprudelnd kocht, jeweils 1 Ei rechts und links am Topfrand aufschlagen und ins Wasser gleiten lassen. (Ich empfehle, immer nur 2 Eier auf einmal zu pochieren, da sonst eventuell das Wasser überkocht.) Die Eier 3 – 4 Minuten im kochenden Wasser pochieren.

Die fertigen Eier mit einem Schaumlöffel herausheben und in einer Schüssel mit lauwarmem Wasser warm halten, während die anderen beiden Eier pochiert werden.

Die fertigen Eier anschließend zusammen noch einmal kurz in eine Schüssel mit frischem Wasser geben, um den Essiggeschmack vollständig zu entfernen.

Zum Servieren jeweils 1 pochiertes Ei zu dem Lachs auf den Teller geben und mit Schnittlauch und frisch gemahlenem Pfeffer bestreuen.

Diese Kekse sind eine ganz besondere Belohnung, da nur wenige Zutaten wirklich kompatibel mit der Steinzeit-Ernährung sind. Aber immerhin können Sie dank dieses Rezepts auch ohne Butter köstliche und knusprige Kokosnusskekse backen.

KNUSPRIGE KOKOSNUSSKEKSE

125 Kal. | 6,3 g Fett | 3,8 g ges. Fettsäuren | 3,7 g Zucker | 0,2 g Salz | 6,1 g Proteine | 5,6 g Ballaststoffe

ergibt 10 – 12 Kekse

100 ml fettarme
 Kokosmilch
4 Eier, verquirlt
130 g Kokosmehl
1 ½ EL Bio-Honig

Ein Backblech mit Backpapier ausschlagen.

Sämtliche Zutaten in einer großen Schüssel gründlich mit den Händen mischen.

Den Teig mit einem Löffel als 10 – 12 kleine, etwa 2,5 cm große Kreise in großen Abständen auf das Backblech setzen und dann im auf 200 °C vorgeheizten Backofen (Ober-/Unterhitze) etwa 10 – 12 Minuten goldbraun backen.

Die fertigen Kekse zunächst ein paar Minuten auf dem Backblech abkühlen lassen und dann vor dem Servieren auf einem Kuchenrost vollständig auskühlen lassen.

 TIPP DIE KEKSE WERDEN SEHR KRÜMELIG, WENN MAN SIE ZU LANGE BACKT, DAHER SOLLTE MAN SIE RECHTZEITIG AUS DEM OFEN NEHMEN UND LIEBER ANSCHL ESSEND NOCH AUF DEM BACKBLECH EIN PAAR MINUTEN NACHGAREN LASSEN.

Ich habe dieses fantastische Bananenbrot zum ersten Mal probiert, als ich mit der amerikanischen Kochikone Paula Deen eine Kochschau fürs Fernsehen gedreht habe. Danach habe ich viele Varianten zur Reduzierung des Fettgehalts ausprobiert, und dieses Rezept hat das Rennen gemacht.

BANANENBROT MIT WALNÜSSEN

220 Kal. | 15,8 g Fett | 1,9 g ges. Fettsäuren | 11,3 g Zucker | 0,1 g Salz | 7,5 g Proteine | 2,3 g Ballaststoffe

8 Portionen

Öl zum Einfetten der
   Form
2 reife Bananen
3 Eier
110 g Mandelmehl
1 ½ EL Bio-Honig
70 g Walnusskerne,
   grob zerstoßen

Eine 20 x 12,5 cm große Kastenbackform mit etwas Öl auspinseln.

In einer großen Rührschüssel die geschälten Bananen sorgfältig mit einer Gabel zerdrücken.

In einer zweiten Schüssel die Eier mit dem Schneebesen aufschlagen und dann das Mandelmehl und den Honig unterrühren. Anschließend die Walnüsse und die zerdrückten Bananen untermischen.

Den fertigen Teig in die Backform gießen und im auf 200 °C vorgeheizten Backofen (Ober-/Unterhitze) 20 Minuten backen.

Den Kuchen aus dem Ofen nehmen und kurz in der Form auskühlen lassen. Anschließend den Kuchen auf ein Kuchengitter stürzen und vor dem Servieren vollständig auskühlen lassen.

 TIPP WALNÜSSE SIND REICH AN KALORIEN UND FETTEN, ABER GENAU WIE AVOCADOS ENTHALTEN SIE GESUNDE FETTSÄUREN, DIE SEHR SÄTTIGEND WIRKEN, UND DAZU WUNDERBAR VIELE PROTEINE UND BALLASTSTOFFE.

An einem kalten Wintermorgen ist Porridge genau das Richtige. Und da der Steinzeit-Ernährungsplan eine Variante ohne Getreide kennt, müssen Sie auch nicht darauf verzichten. Dieser Porridge ist zwar sehr reich an Kohlenhydraten, aber wenn Sie ihn morgens essen, haben Sie den Tag über ja Zeit genug, die Kalorien wieder zu verbrennen.

PORRIDGE OHNE HAFERFLOCKEN

454 Kal. | 31,5 g Fett | 11,5 g ges. Fettsäuren | 32 g Zucker |eine Spur Salz | 9 g Proteine | 6,5 g Ballaststoffe

1 Portion

2 EL Kokosraspeln
1 EL Mandelmehl
1 TL Kürbiskerne
1 TL Zimtpulver
15 g Walnusskerne und
    etwas zum Garnieren
1 EL Bio-Honig, flüssig
½ Banane, geschält
    und in Scheiben
    geschnitten

Sämtliche Zutaten, bis auf den Honig und die Banane, in der Küchenmaschine fein mahlen.

Die Mischung mit 240 ml kochendem Wasser übergießen und unterrühren. In einer Schale servieren, den Honig darüberträufeln und mit ein paar zerstoßenen Walnüssen und Bananenscheiben garnieren.

 TIPP HAFERFLOCKEN SIND AUS GUTEM GRUND IN DER PALEO-KÜCHE VERBOTEN, DA SIE HÄUFIG WÄHREND DER VERARBEITUNG MIT ANDEREM GLUTENHALTIGEN GETREIDE VERMISCHT WERDEN. AUSSERDEM VERURSACHEN SIE HOHE BLUTZUCKERSPITZEN.

Dieser Früchtebecher versorgt Sie mit einem großen Schub Frühstücksenergie. Wer weniger Kohlenhydrate zu sich nehmen möchte tauscht die Banane gegen mehr Beeren und Zitrusfrüchte aus. Bereiten Sie das Müsli abends zu, falls Sie morgens immer in Eile sind.

FRÜCHTEBECHER

498 Kal. | 28,6 g Fett | 3,6 g ges. Fettsäuren | 47,7 g Zucker | 0 g Salz | 9 g Proteine | 6,3 g Ballaststoffe

4 Portionen

4 reife Bananen,
    geschält
etwas Zitronensaft
300 g gemischte rote
    Beeren (z.B. Erd-
    beeren, Himbeeren)
60 g ungesalzene
    Walnusskerne
60 g ungesalzene
    Cashewkerne
60 g ungesalzene
    Pekannusskerne
3 EL Bio-Honig, flüssig

In einer Rührschüssel die Bananen sorgfältig mit einer Gabel zerdrücken und mit etwas Zitronensaft beträufeln; anschließend beiseitestellen. Die Erdbeeren in 1 cm dicke Scheiben schneiden und ebenfalls beiseitestellen.

Die Nüsse in einen Plastikbeutel füllen und mit einer schweren Teigrolle darauf klopfen, um sie zu zerstoßen. Die zerstoßenen Nüsse in einer kleinen Schale mit dem Honig mischen.

In 4 kleinen Dessertschalen oder Cocktailgläsern abwechselnd Bananen, Beeren und Nüsse schichten, bis die Zutaten aufgebraucht sind.

 TIPP HONIG HAT ANTISEPTISCHE, ANTIBIOTISCHE, PILZTÖTENDE UND ANTIBAKTERIELLE EIGENSCHAFTEN UND IST IMMER EIN GENUSS! WENN SIE EHER FESTEN HONIG BEVORZUGEN, KÖNNEN SIE IHN LEICHT ERWÄRMEN, SODASS ER FLÜSSIG WIRD UND OHNE PROBLEME ÜBER DIE SPEISEN GETRÄUFELT WERDEN KANN.

Dieser besonders vitaminreiche Smoothie schmeckt nicht nur super zum Frühstück, sondern belebt die Sinne. Die Äpfel entgiften den Körper und Grünkohl, Bananen und Honig liefern jede Menge Energie.

POWER-SMOOTHIE

183 Kal. | 6 g Fett | 4,9 g ges. Fettsäuren | 29,5 g Zucker | 0,1 g Salz | 2 g Proteine | 4,3 g Ballaststoffe

2 Portionen

1 Apfel, entkernt
1 Banane, geschält
1 große Handvoll
   Spinat oder
   Grünkohl

1 EL Kokosöl
1 TL Vanilleessenz
1 TL Zimtpulver
1 TL Bio-Honig

Sämtliche Zutaten zusammen im Standmixer pürieren und auf Eiswürfeln servieren.

Bio-Honig oder Ahornsirup – bei diesem Rezept dürfen Sie entscheiden, was Sie lieber mögen. Die Minze ist ein Muss, denn sie schenkt diesem Smoothie ein unvergleichlich frisches Aroma und wirkt zum Frühstück sehr belebend.

ENERGIZER

333 Kal. | 13,3 g Fett | 11,4 g ges. Fettsäuren | 44,2 g Zucker | eine Spur Salz | 4,8 g Proteine | 3,7 g Ballaststoffe

2 Portionen

2 reife Bananen, geschält
1 EL Bio-Honig
200 g Erdbeeren
150 ml Kokosmilch
1 Handvoll Eiswürfel
ein paar Minzeblätter
   zum Garnieren

Sämtliche Zutaten, bis auf die Minzeblätter, im Standmixer pürieren und – mit einem kleinen Minzezweig garniert – servieren.

 TIPP DIE STEINZEIT-DIÄT SIEHT EIGENTLICH KEIN KOFFEIN VOR. WENN SIE DEM ERNÄHRUNGSPLAN JEDOCH DAUERHAFT FOLGEN, DÜRFEN SIE VON ZEIT ZU ZEIT EINE AUSNAHME MACHEN: MIXEN SIE EINFACH EINEN KLEINEN ESPRESSO UNTER DIESEN SMOOTHIE.

Eine köstliche Art, den Tag zu beginnen. Die Mango enthält natürlichen Zucker und Kohlenhydrate, um Sie morgens in Schwung zu bringen, und die Kokosmilch wirkt so sättigend, dass Sie davon bis zur Mittagszeit profitieren.

MANGO-SMOOTHIE

252 Kal. | 14,2 g Fett | 11,4 g ges. Fettsäuren | 29 g Zucker | 0,3 g Salz | 2,6 g Proteine | 8,2 g Ballaststoffe

2 Portionen

2 reife Mangos,
    geschält und
    entsteint
250 ml fettarme
    Kokosmilch
½ TL Zimtpulver

Das Mangofruchtfleisch, die Kokosmilch und den Zimt im Standmixer zu einem homogenen Smoothie pürieren und auf Eiswürfeln servieren.

 TIPP DEN KERN AUS DER MANGO HERAUSZULÖSEN IST NICHT EINFACH. AM BESTEN SCHNEIDEN SIE DIE MANGO MIT EINEM SCHARFEN MESSER LÄNGS UND SO NAH ES GEHT AM STEIN VORBEI IN ZWEI HÄLFTEN. ANSCHLIESSEND HALTEN SIE DIE BEIDEN MANGOHÄLFTEN MIT DER SCHALE NACH UNTEN UND RITZEN DAS FRUCHTFLEISCH KREUZWEISE BIS ZUR SCHALE HIN EIN. DANN STÜLPEN SIE DIE SCHALE NACH OBEN, SODASS SIE DIE MANGOWÜRFEL ÜBER EINER SCHÜSSEL LEICHT HERAUSLÖSEN UND GLEICHZEITIG DEN SAFT AUFFANGEN KÖNNEN.

SNACKS &
BEILAGEN

Dieses Rezept enthält hochwertige Fette und jede Menge Proteine,
daher sorgt es für ein angenehmes Sättigungsgefühl und verhindert
Hungerattacken zwischen den Mahlzeiten. Wachteleier wirken vielleicht
zu vornehm und sogar dekadent, aber sie sind gar nicht teuer.
Am besten kauft man sie in asiatischen Lebensmittelgeschäften.

LACHS, AVOCADO
UND WACHTELEIER

504 Kal. | 41,7 g Fett | 9,3 g ges. Fettsäuren | 0,8 g Zucker | 2,5 g Salz | 30,2 g Proteine | 3,4 g Ballaststoffe

4 Portionen

12 Wachteleier
1 EL weißer Essig
3 EL Olivenöl
1 TL Dijon-Senf
300 g geräucherter Lachs
2 Avocados, Fruchtfleisch
    ausgelöst und in
    dünne Scheiben
    geschnitten
Dill zum Garnieren
1 Zitrone, geviertelt

Die Wachteleier in einen Topf geben, mit Wasser bedecken und
4 – 5 Minuten kochen. Danach abtropfen und vor dem Pellen
abkühlen lassen.

Für das Dressing den Essig, das Öl und den Senf miteinander
verrühren.

Die gepellten Wachteleier halbieren und mit dem Lachs und den
Avocadoscheiben auf 4 Teller aufteilen.

Das Gericht anschließend mit der Vinaigrette beträufeln, mit Dill
garnieren und mit 1 Zitronenviertel servieren.

 TIPP DIE KLEINEN, GESPRENKELTEN WACHTELEIER SIND NICHT NUR
EIN HÜBSCHER ANBLICK, SONDERN SIE PASSEN AUCH ZU VIELEN
SUPPEN, SALATEN UND VORSPEISEN. SIE SIND KALORIENARM, REICH
AN PROTEINEN UND WICHTIGEN NÄHRSTOFFEN, DARUNTER VITAMIN D
UND B12, SELEN UND CHOLIN.

Da ich viel in Asien gearbeitet habe – vor allem in Hongkong, Thailand und Malaysia –, liebe ich die asiatische Küche und ihre Aromen.
Die meisten Rezepte sind leicht nachzukochen, und dieses hier ist ein gutes Beispiel dafür. Wer den Steinzeit-Ernährungsplan nicht zu eng sieht, kann ein bisschen Chili und Hoi-Sin-Sauce hinzufügen.

KLEINE KOHLROULADEN
MIT HACKFLEISCHFÜLLUNG

213 Kal. | 9 g Fett | 3,6 g ges. Fettsäuren | 3,6 g Zucker | 0,1 g Salz | 26,8 g Proteine | 1,9 g Ballaststoffe

4 Portionen

15 – 20 Kohlblätter
200 g mageres
    Rinderhack
200 g mageres
    Schweinehack
1 Zwiebel, fein gehackt
3 Knoblauchzehen,
    fein gehackt
2 Vogelaugen-
    Chilischoten,
    fein gehackt
1 l Gemüsebrühe

In einem großen Topf Wasser aufkochen und die Kohlblätter darin 1 – 2 Minuten blanchieren. Danach kurz abtropfen lassen, in Eiswasser abschrecken und beiseitestellen.

In einer Schüssel die beiden Hackfleischsorten mit der Zwiebel, den Knoblauchzehen und den Chilischoten gründlich vermischen.

Jeweils 1 Kohlblatt auf die saubere Arbeitsfläche legen und 1 großen Löffel Hackfleischmischung in die Mitte geben. Die Seiten des Kohlblatts über der Füllung zusammenschlagen, das Kohlblatt zu einem kleinen Päckchen zusammenrollen und mit einem Zahnstocher feststecken. Diesen Vorgang mit den restlichen Zutaten wiederholen.

Die Gemüsebrühe in einem großen Kochtopf aufkochen. Die Kohlrouladen vorsichtig in die kochende Brühe geben und etwa 15 Minuten darin ziehen lassen, bis das Hackfleisch gar ist.

Die kleinen Rouladen auf 4 Suppenschalen aufteilen und jeweils mit einer Kelle von der Brühe übergießen.

Ein fantastisches Rezept für eine Dinnerparty – Ihre Gäste werden allein schon vom Anblick beeindruckt sein. Um aus den Zutaten einen kleinen runden Turm zu bauen, benötigen Sie einen Anrichtering. Wer keinen hat, kann sich aus einer Thunfischdose leicht einen basteln, indem er Deckel und Boden entfernt.

TÜRMCHEN AUS
LACHS UND AVOCADO

397 Kal. | 31,7 g Fett | 5,9 g ges. Fettsäuren | 1,6 g Zucker | 0,2 g Salz | 25,2 g Proteine | 3,8 g Ballaststoffe

4 Portionen

2 Lachsfilets (je 200 g),
  ohne Haut
Saft von 1 Zitrone
2 EL Olivenöl
4 – 6 Schnittlauchhalme,
  in feine Röllchen
  geschnitten und
  etwas zum Garnieren
2 reife Avocados,
  halbiert, das Frucht-
  fleisch ausgelöst
2 Frühlingszwiebeln,
  fein gehackt
½ rote Zwiebel,
  fein gehackt
frisch gemahlener
  schwarzer Pfeffer
80 g Lachskaviar

Mit einem scharfen Messer den Lachs in sehr kleine Würfel schneiden (und dabei noch einmal nach eventuellen Gräten Ausschau halten). Den Lachs in eine Schüssel geben und mit der Hälfte des Zitronensafts beträufeln.

Das Olivenöl mit dem Schnittlauch mischen und beiseitestellen.

Das Avocadofleisch in einer Schüssel mit der Gabel zerdrücken und mit dem restlichen Zitronensaft beträufeln, damit es sich nicht braun verfärbt. Die Frühlingszwiebeln und rote Zwiebeln untermischen und mit etwas frisch gemahlenem schwarzen Pfeffer würzen.

4 Anrichteringe auf 4 einzelne Teller legen und jeweils zu einem Viertel mit der Avocadomischung füllen. Die Lachswürfel bis knapp unter den Rand des Anrichterings daraufgeben. Anschließend mit etwas Lachskaviar und Schnittlauchröllchen garnieren, die Anrichteringe entfernen und servieren.

 TIPP WER WILL KANN AUCH FORELLENKAVIAR VERWENDEN, DER SEHR SCHMACKHAFT UND ETWAS GÜNSTIGER ALS LACHSKAVIAR IST. STATT ROHEM LACHS KANN MAN NATÜRLICH AUCH GERÄUCHERTEN NEHMEN.

Ich liebe Thunfisch-Tatar und habe schon viele verschiedene Variationen kreiert und gegessen. Dieses Rezept vereint die Aromen Asiens und gehört deshalb zu meinen Lieblingsgerichten. Wer es gerne scharf mag mischt etwas grüne Chili unter die Zutaten.

ASIATISCHES THUNFISCH-TATAR

322 Kal. | 20,7 g Fett | 4,2 g ges. Fettsäuren | 1,8 g Zucker | 0,2 g Salz | 31,3 g Proteine | 2,6 g Ballaststoffe

4 Portionen

2 ganz frische Thunfisch-
   steaks (je 250 g)
1 EL weiße Sesamsaat
   und etwas zum
   Garnieren
2 EL Sesamöl
2 EL Zitronensaft
½ rote Zwiebel, fein
   gehackt
4 Frühlingszwiebeln,
   in feine Ringe
   geschnitten
1 Avocado, geschält,
   entkernt und das
   Fruchtfleisch in kleine
   Würfel geschnitten
1 Handvoll frische
   Korianderblätter und
   etwas zum Garnieren

Die Thunfischsteaks in sehr kleine Würfel schneiden und in einer Schüssel mit dem Sesam, dem Sesamöl, dem Zitronensaft, den Zwiebeln und den Avocadowürfeln mischen. Die Korianderblätter behutsam unterheben.

Die Mischung entweder lose auf einem Teller anrichten oder wie ein klassisches Tartar, indem Sie die Mischung mit der Gabel in einen Anrichtering drücken. Mindestens eine halbe Stunde kalt stellen.

Vor dem Servieren den Anrichtering entfernen und das Tatar mit etwas Sesam und ein paar Korianderblättern bestreuen.

 TIPP SESAMÖL HAT EIN WUNDERBAR INTENSIVES AROMA, ALLERDINGS SOLLTE MAN ES ÄUSSERST SPARSAM VERWENDEN, DA ES SONST SCHNELL DIE ANDEREN AROMEN ÜBERLAGERT.

Wer je in Italien war weiß, dass die einfachsten Gerichte häufig am besten schmecken, wenn nur die Zutaten von wirklich guter Qualität sind. Kaufen Sie daher nur absolut hochwertiges Rindfleisch und wirklich frischen pfeffrigen Rucola und genießen Sie dieses köstliche, klassische Gericht.

CARPACCIO VOM RIND
MIT WALNUSSÖL

246 Kal. | 17,3 g Fett | 3,9 g ges. Fettsäuren | 0,8 g Zucker | 0,1 g Salz | 21,6 g Proteine | 0,6 g Ballaststoffe

4 Portionen als Vorspeise

400 g Rinderfilet
4 EL Walnussöl
frisch gemahlener
   schwarzer Pfeffer
200 g Rucola
2 Zitronen, in Spalten
   geschnitten

Das Fleisch eine halbe Stunde vor dem Servieren ins Tiefkühlfach legen, damit es fest wird und sich in dünne Scheiben schneiden lässt.

Mit einem sehr scharfen Messer das Fleisch in möglichst hauchdünne Scheiben schneiden.

Die Fleischeiben einzeln auf ein Schneidebrett legen, mit Klarsichtfolie abdecken und mit einer Teigrolle so dünn wie möglich ausrollen.

Das Fleisch anschließend auf 4 Teller aufteilen und jeweils mit 1 Löffel Walnussöl beträufeln. Etwas schwarzen Pfeffer darübermahlen und mit dem Rucolasalat und den Zitronenspalten servieren.

 TIPP RINDFLEISCH IST REICH AN PROTEINEN UND HILFT ENT-SCHEIDEND, DAS MUSKELWACHSTUM (AUCH NACH VERLETZUNGEN) ZU VERBESSERN. AUSSERDEM ENTHÄLT ES JEDE MENGE EISEN UND VITAMIN B12; SIE STIMULIEREN DAS IMMUNSYSTEM UND SIND WICHTIG FÜR DIE BILDUNG DER ROTEN BLUTKÖRPERCHEN.

Eine Ceviche ist die klassische südamerikanische Art, rohen Fisch zuzubereiten. Dafür wird der rohe Fisch in Zitrussaft mariniert, was ähnlich wie beim Kochen zu einer Denaturierung des Eiweißes führt, aber das frische Aroma erhält.

JAKOBSMUSCHEL-CEVICHE
MIT FRISCHEN KRÄUTERN

180 Kal. | 11,9 g Fett | 1,8 g ges. Fettsäuren | 1,6 g Zucker | 0,3 g Salz | 14,7 g Proteine | 0,4 g Ballaststoffe

4 Portionen

250 g frische rohe
    Jakobsmuscheln
Saft von 1 Zitrone
4 EL Olivenöl
2 Frühlingszwiebeln,
    in feine Ringe
    geschnitten
½ kleine rote Zwiebel,
    fein gehackt
1 rote Vogelaugen-
    Chilischote, fein
    gehackt (entkernen,
    wenn es nicht zu
    scharf sein soll)
1 Handvoll Koriander-
    blätter zum Garnieren
6 – 8 frische
    Basilikumblätter,
    in dünne Streifen
    geschnitten
frisch gemahlener
    schwarzer Pfeffer

Jede Jakobsmuschel mit einem scharfen Messer in etwa 3 dünne Scheiben schneiden und diese nebeneinander auf eine Servierplatte legen.

In einer kleinen Schüssel den Zitronensaft mit dem Olivenöl verrühren und dann die Zwiebeln und die Chili untermischen.

Dieses Dressing über die Jakobsmuscheln gießen und sie dann mindestens 20 Minuten marinieren lassen. Anschließend mit Koriander, Basilikum und etwas Pfeffer aus der Mühle bestreuen.

 TIPP DA DIE JAKOBSMUSCHELN NICHT ERHITZT WERDEN, IST ES WICHTIG, DASS SIE ABSOLUT FRISCH SIND UND DASS SIE MIT SAUBEREN HÄNDEN, UTENSILIEN UND ARBEITSFLÄCHEN ARBEITEN.

Diese Paté habe ich zum ersten Mal als Toastaufstrich gemacht, doch inzwischen weiß ich, dass s e genauso gut zu frischem, knackigem Gemüse schmeckt. Als leichtes Mittagessen oder zum Aperitif vor einem schicken Abendessen können Sie beispielsweise rohe Möhren- und Selleriesticks dazu reichen.

THUNFISCH-PATÉ
MIT OLIVEN

314 Kal. | 16,8 g Fett | 2,3 g ges. Fettsäuren | 0,4 g Zucker | 2,7 g Salz | 40,2 g Proteine | 2 g Ballaststoffe

4 Portionen

3 Dosen Thunfisch
    (je 185 g), in Wasser
    eingelegt, abgetropft
1 EL Kapern
1 EL Estragon,
    fein gehackt
12 frische Basilikum-
    blätter und ein paar
    zum Garnieren
50 g Anchovis (Dose),
    abgetropft
150 g entsteinte
    schwarze Oliven,
    abgetropft
1 EL Dijon-Senf
Saft von ½ Zitrone
3 EL Olivenöl

Sämtliche Zutaten im Standmixer zu einer glatten Paste pürieren.

Die Paté in 4 kleine Ramequin-Formen füllen und für mindestens 30 Minuten in den Kühlschrank stellen.

Vor dem Servieren mit frischen Basilikumblättern garnieren und frisch geschnittene Möhren- und Selleriesticks dazureichen.

 TIPP ESTRAGON ENTHÄLT VIEL VITAMIN C. DAS IST GUT FÜR DAS IMMUNSYSTEM. ESTRAGON IST ÜBERHAUPT EIN TOLLES KRAUT, DAS MAN IMMER ZUR HAND HABEN SOLLTE, WEIL ES ZU VIELEN FISCHGERICHTEN PASST (SIEHE Z.B. DAS REZEPT FÜR THUNFISCH MIT OLIVENTAPENADE AUF SEITE 119).

Ein typisches Gericht aus den Florida Keys, wo man wunderbar in einer alten Bar direkt am Wasser sitzen kann und zu einem Bier ein einfaches frisches Muschel- oder Fischgericht genießen kann. Ich weiß, dass Bier in der Paleo-Ernährung nicht erlaubt ist, aber dieses Gericht sollte man trotzdem – al fresco – mit Freunden genießen.

GEDÄMPFTE VENUSMUSCHELN
MIT ZITRONE UND KRÄUTERN

328 Kal. | 12,3 g Fett | 2,3 g ges. Fettsäuren | 0,2 g Zucker | 2,8 g Salz | 45,5 g Proteine | 0 g Ballaststoffe

4 Portionen

6 Dutzend
   Venusmuscheln
4 Knoblauchzehen,
   klein gehackt
50 ml Gemüsebrühe
2 EL Olivenöl
4 EL frisches Basilikum,
   fein gehackt
2 EL glatte Petersilie,
   fein gehackt
Saft von 1 Zitrone
frisch gemahlener
   schwarzer Pfeffer

Die Muscheln in einem Durchschlag gründlich unter fließendem Wasser abspülen. Muscheln, die sich auch nach dieser kalten Dusche nicht schließen, aussortieren.

Die Muscheln, den Knoblauch und die Brühe in einen großen Kochtopf geben, aufkochen und zudecken. Etwa 4 – 5 Minuten bei mittlerer Temperatur köcheln lassen, bis die Muscheln sich geöffnet haben (ungeöffnete Muscheln unbedingt aussortieren).

Öl, Kräuter und Zitronensaft hinzugeben und untermischen. Mit schwarzem Pfeffer aus der Mühle würzen und sofort servieren.

 TIPP MUSCHELN SIND AUSGESPROCHEN REICH AN PROTEINEN – 85 G BEINHALTEN 20 G PROTEINE UND NUR 2 G FETT. FAST DAS GLEICHE GILT ZWAR AUCH FÜR HÜHNERFLEISCH, ABER MUSCHELN SIND VIEL NÄHRSTOFFREICHER.

Wählen Sie für dieses Gericht das beste Krabbenfleisch aus, das Sie bekommen können. Wer Krabbenfleisch in Dosen kauft hat meist eine größere Auswahl, aber ich empfehle Ihnen, das teuerste zu kaufen, denn bei diesem Rezept ist die Qualität absolut entscheidend.

KRABBENKÜCHLEIN

372 Kal. | 29,2 g Fett | 4,2 g ges. Fettsäuren | 1,4 g Zucker | 1,3 g Salz | 25,7 g Proteine | 0,9 g Ballaststoffe

4 Portionen

1 rote Vogelaugen-
   Chilischote
1 Knoblauchzehe,
   geschält
½ kleine Zwiebel
1 Handvoll frischer
   Koriander und etwas
   zum Garnieren
1 EL Mandelmehl
1 Ei und 1 Eiweiß
450 g Krabbenfleisch
1 EL Sesamöl
Saft von 1 Limette oder
   Zitrone
frisch gemahlener
   schwarzer Pfeffer
3 – 4 EL Olivenöl
100 g Rucola

Für das Dressing

Saft von ½ Zitrone
3 EL Olivenöl
frisch gemahlener
   schwarzer Pfeffer

Die Chili, den Knoblauch, die Zwiebel, den Koriander, das Mandelmehl, das Ei und das Eiweiß in einem Standmixer zu einer glatten Paste pürieren.

Die pürierte Würzmischung in eine große Schüssel geben und mit drei Vierteln des Krabbenfleischs, dem Sesamöl, dem Zitronen- bzw. Limettensaft und etwas frisch gemahlenem Pfeffer gründlich vermischen (kommen Sie nicht in Versuchung, alles im Standmixer zu pürieren, denn dann würden die Krabbenküchlein zu weich und Sie kämen nicht in den Genuss der wunderbaren Krabbenfleischstückchen). Das restliche Krabbenfleisch unterrühren.

Die Mischung in 4 Portionen aufteilen und auf einer sauberen Arbeitsfläche daraus 4 etwa 2,5 cm dicke Küchlein formen. Die Küchlein auf einen Teller legen, mit Klarsichtfolie abdecken und mindestens 30 Minuten (längstens 1 Tag) in den Kühlschrank stellen.

Die Zutaten für das Dressing mischen und beiseitestellen.

Das Olivenöl in einer großen antihaftbeschichteten Bratpfanne erhitzen und die Krabbenküchlein darin auf hoher Temperatur von beiden Seiten je 2 – 3 Minuten backen. Mit dem Dressing beträufeln und, mit etwas Rucola und Korianderblättern bestreut, servieren.

Dass Kinder dieses Rezept lieben, wurde mir zum ersten Mal bewusst, als ich es für meine Tochter Eleanor zubereitet habe. Sie war so begeistert, dass ich es seitdem immer wieder für sie und ihre Freunde gemacht habe. Für kleinere Kinder kann man die Chilimenge etwas reduzieren, aber ich garantiere Ihnen, dass Sie sich mit diesem Gericht sehr beliebt machen.

KÜCHLEIN MIT FRISCHEM LACHS

444 Kal. | 29,4 g Fett | 5,1 g ges. Fettsäuren | 1,8 g Zucker | 0,4 g Salz | 43,1 g Proteine | 1,1 g Ballaststoffe

4 Portionen

800 g Lachsfilet,
   grob zerteilt
1 rote Chilischote,
   fein gehackt
2 Frühlingszwiebeln,
   fein gehackt
½ rote Zwiebel,
   fein gehackt
Saft von 1 Limette
   oder ½ Zitrone
1 Ei
1 Stück Ingwer (2,5 cm),
   geschält und gerieben
1 Handvoll frischer
   Koriander und ein
   paar Blätter zum
   Garnieren
2 EL Olivenöl
100 g Spinatblätter
1 Zitrone, in Spalten
   geschnitten

Den Lachs, die Chili, die Frühlingszwiebeln, die roten Zwiebeln, den Limetten- bzw. Zitronensaft, das Ei, den Ingwer und den Koriander im Standmixer grob pürieren.

Die Lachsmischung in 4 Portionen aufteilen und auf einer sauberen Arbeitsfläche zu 4 etwa 2,5 cm dicken Küchlein formen. Die Küchlein auf einen Teller legen, mit Klarsichtfolie abdecken und mindestens 30 Minuten (längstens 1 Tag) in den Kühlschrank stellen.

Das Olivenöl in einer großen antihaftbeschichteten Bratpfanne stark erhitzen und die Lachsküchlein darin von beiden Seiten je 2 – 3 Minuten braten.

Etwas Zitronensaft darübergeben und, mit ein paar Spinat- und Korianderblättern garniert, servieren.

 TIPP WILDLACHS IST IMMER DIE BESTE WAHL, DA BEI LACHS AUS GROSSEN AQUAKULTUREN DEM FUTTER EVENTUELL ANTIBIOTIKA UND CHEMISCHE FARBSTOFFE ZUGESETZT WURDEN.

Diese Champignons haben eine so fleischige Konsistenz, dass Sie kaum merken werden, dass es sich hier um ein vegetarisches Gericht handelt. Das Mandelmehl sorgt für knusprigen Biss – ein wunderbares leichtes und schnell zubereitetes kleines Mittagessen.

PORTOBELLO-PILZE MIT MANDELKRUSTE

629 Kal. | 58,2 g Fett | 5,7 g ges. Fettsäuren | 4,7 g Zucker | 0,1 g Salz | 19,2 g Proteine | 6,8 g Ballaststoffe

2 Portionen

4 Portobello-Pilze
   (große Champignons
   zum Füllen), Stiele
   entfernt
75 g Mandelkerne
75 g Mandelmehl
ein paar Stängel glatte
   Petersilie und ein
   paar Blätter zum
   Garnieren
1 Knoblauchzehe,
   geschält
3 EL Olivenöl
frisch gemahlener
   schwarzer Pfeffer
150 g gemischte
   Salatblätter
1 Zitrone, in Spalten
   geschnitten

Die Pilze mit einem sauberen Stück Küchenkrepp säubern (nicht mit Wasser waschen, da sie dann schleimig werden).

Im Standmixer die Mandeln, das Mandelmehl, die Petersilie und den Knoblauch zu einer groben Paste pürieren und diese dann in eine flache Schale umfüllen. 2 Esslöffel Olivenöl und etwas Pfeffer unterrühren.

Die Pilze mit der Kopfseite nach unten in die Panade tauchen und sacht hineindrücken, damit sie gut von der Mandelmischung bedeckt werden. Die Pilze anschließend auf ein Backblech setzen und die restliche Panade darauf verteilen. Mit dem restlichen Olivenöl beträufeln.

Die Pilze etwa 15 – 18 Minuten im auf 240 °C vorgeheizten Backofen (Ober-/Unterhitze) backen, bis die Mandelpanade knusprig und goldbraun ist.

Die fertigen Pilze auf ein Nest aus Salatblättern setzen und mit Petersilienblättern garnieren. Jeweils 1 Zitronenspalte dazureichen.

In vielen Restaurants stehen Calamari auf der Speisekarte,
aber meistens werden sie frittiert, schmecken dann fettig und enthalten
jede Menge gesättigte Fettsäuren. Doch das muss nicht sein, dieses Rezept
bietet eine fettarme, schmackhafte und leichte Alternative.
Auf die gleiche Art lassen sich auch Fischfilets zubereiten.

LEICHT GEBRATENE
CALAMARI

349 Kal. | 22,3 g Fett | 3 g ges. Fettsäuren | 0,7 g Zucker | 0,6 g Salz | 34 g Proteine   1,5 g Ballaststoffe

4 Portionen

800 g gesäuberte ganze
   Kalmare, in Ringe
   geschnitten
4 EL Mandelmehl
frisch gemahlener
   schwarzer Pfeffer
4 EL Olivenöl
1 Zitrone, in Spalten
   geschnitten

Die Tintenfischringe mit dem Mehl und etwas schwarzem Pfeffer in
einen verschließbaren Plastikbeutel geben und diesen schütteln, bis
die Tintenfischringe gleichmäßig paniert sind. Eventuell immer nur
kleinere Mengen auf einmal panieren.

In einer großen Pfanne 1 Esslöffel Olivenöl stark erhitzen und
ein Viertel der Tintenfische etwa 1 Minute anbraten. Danach die
Temperatur etwas reduzieren und die Tintenfische für weitere
2 – 3 Minuten garen und wenden, bis sie von allen Seiten goldbraun sind. Aus der Pfanne heben und beiseitestellen. Die übrigen
Calamari auf 3 Portionen aufteilen und ebenso braten.

Die Calamari mit den Zitronenspalten servieren.

 TIPP KALMARE BIETEN EINE KÖSTLICHE UND HÄUFIG AUCH
PREISWERTE MÖGLICHKEIT, BESONDERS GESUNDE PROTEINE
OHNE VIEL FETT ZU SICH ZU NEHMEN.

Tahini ist eine dicke Sesampaste aus dem Orient, die hauptsächlich für die Zubereitung des libanesischen Humus verwendet wird. Da Kichererbsen jedoch nicht auf dem Paleo-Ernährungsplan stehen, kombiniere ich Sesam in diesem Rezept mit Auberginen. Wahlweise kann man stattdessen auch Eichelkürbis verwenden, sollte dann aber auf keinen Fall den Knoblauch vergessen.

AUBERGINEN-TAHINI-DIPP MIT ROHKOST

337 Kal. | 30,5 g Fett | 4,9 g ges. Fettsäuren | 9,2 g Zucker | 0,2 g Salz | 6,3 g Proteine | 9,9 g Ballaststoffe

4 Portionen

2 große Auberginen,
　längs halbiert
6 EL Olivenöl
frisch gemahlener
　schwarzer Pfeffer
6 EL Sesam
2 Knoblauchehen
frisch gehackte, glatte
　Petersilie, zum
　Garnieren
300 g Möhren, geschält
　und in Sticks
　geschnitten
300 g Staudensellerie,
　in Sticks geschnitten

Die Auberginen mit einer Gabel einstechen und mit der Schnittseite nach oben auf ein Backblech legen. Mit 1 Esslöffel Olivenöl beträufeln und im auf 190 °C vorgeheizten Backofen (Ober-/Unterhitze) etwa 20 Minuten im Ofen backen, bis die Schale leicht verkohlt und das Innere weich ist.

Die Auberginen auslöffeln und das Fruchtfleisch mit den anderen Zutaten (außer der Rohkost) und dem restlichen Olivenöl im Standmixer zu einer glatten Paste pürieren.

Den Dipp in eine kleine Schüssel füllen, mit Petersilie bestreut, servieren und dazu Rohkost reichen.

 TIPP TAHINI – FEIN GEMAHLENER SESAM – IST EINE WICHTIGE ZUTAT, DENN SESAM ENTHÄLT MEHR PROTEINE ALS MILCH UND DIE MEISTEN NUSSARTEN. AUSSERDEM IST ER REICH AN VITAMIN B (WICHTIGER ENERGIESPENDER FÜR GEIST UND KÖRPER) UND WICHTIGEN MINERALIEN, DARUNTER MAGNESIUM, EISEN UND KALZIUM.

 VARIATION 3 EL TAHINI MIT 2 EL WASSER, 1 EL ZITRONENSAFT UND 1/2 ZERDRÜCKTEN KNOBLAUCHZEHE VERMISCHEN UND SCHON HAT MAN EIN HERRLICHES DRESSING FÜR SALATE UND GRILLFLEISCH.

Wer eine Diät macht muss noch lange nicht auf kleine Snacks verzichten. Denn man kann nie genug Gemüse essen, und mit diesem Dipp schmeckt es gleich noch mal so gut! Essen Sie davon so viel und so oft Sie wollen.

ROHKOST MIT DIPPS AUS GETROCKNETEN TOMATEN

570 Kal. | 54,7 g Fett | 8 g ges. Fettsäuren | 10,6 g Zucker | 1,4 g Salz | 7,7 g Proteine | 7,1 g Ballaststoffe

4 Portionen

300 g Möhren, geschält,
    in Sticks geschnitten
300 g Staudensellerie,
    in Sticks geschnitten
300 g rohe Brokkoli-
    röschen
300 g Kirschtomaten

Für den Tomaten-Dipp
180 g getrocknete
    Tomaten in Olivenöl
1 Knoblauchzehe,
    zerdrückt
2 EL Basilikum,
    klein gehackt
5 EL Olivenöl

Für den Olivenöl-Dipp
2 Eigelbe
6 EL Olivenöl
1 EL Estragon,
    klein gehackt
1 Knoblauchzehe

Die Rohkost auf einer großen Servierplatte anrichten.

FÜR DEN TOMATEN-DIPP:
Die Tomaten abtropfen lassen, denn das Öl ist zu sehr gewürzt. Die Tomaten mit den restlichen Zutaten im Standmixer zu einer glatten Paste pürieren. Den fertigen Dipp in eine Schale umfüllen und zu der Rohkost reichen.

FÜR DEN OLIVENÖL-DIPP:
Die Eigelbe in einen Standmixer geben und den Motor einschalten. Langsam das Olivenöl dazurinnen lassen (als würden Sie eine Mayonnaise machen), bis es vollständig mit dem Eigelb emulgiert ist. Estragon und Knoblauch dazugeben und glatt pürieren. Den fertigen Dipp in einer Schale zu dem rohen Gemüse reichen.

 TIPP ES GIBT IMMER NOCH MENSCHEN, DIE GLAUBEN, DASS SELLERIE NUR AUS WASSER BESTEHE, ABER DAS STIMMT NICHT. VIELMEHR ENTHÄLT ER EINE EINZIGARTIGE KOMBINATION WICHTIGER VITAMINE, MINERALIEN UND SEKUNDÄRER PFLANZENSTOFFE, DIE KRANKHEITEN VORBEUGEN HELFEN. WAHR IST, DASS ER PRAKTISCH KEINE KALORIEN ENTHÄLT: 1 STANGE STAUDENSELLERIE ENTHÄLT 1 G BALLASTSTOFFE UND ETWA 10 KALORIEN.

Dies sind perfekte Aperitifhäppchen für eine Cocktailparty.
Reichen Sie Ihren Gästen diese Blinis, während Sie das Abendessen
vorbereiten, und man wird Sie dafür lieben.

BLINIS MIT GUACAMOLE

435 Kal. | 38 g Fett | 5,4 g ges. Fettsäuren | 1,7 g Zucker | 0,1 g Salz | 14,7 g Proteine | 16,1 g Ballaststoffe

12 Portionen

Für die Blinis
200 g Mandelmehl
480 g Leinsamenmehl
2 Eier, verquirlt
2 EL Olivenöl

Für die Guacamole
3 große reife Avocados,
   halbiert und entsteint
1 Handvoll frische
   Korianderblätter,
   klein gehackt und
   etwas zum Garnieren
2 große Tomaten,
   entkernt und klein
   gewürfelt
4 EL Olivenöl
1 kleine Vogelaugen-
   Chilischote, sehr fein
   gehackt
Saft von 1 Limette oder
   1 Zitrone

Zunächst die Blinis zubereiten und dafür in einer Schüssel die beiden Mehlsorten mit den Eiern und 200 ml Wasser zu einem Teig verrühren.

In einer Pfanne bei mittlerer Temperatur das Öl erhitzen und den Teig nach und nach zu kleinen Pfannkuchen ausbacken (jeweils 1 Esslöffel pro Blini). Wenn nach etwa 1 – 2 Minuten die Oberfläche Blasen wirft, die Blinis wenden und von der anderen Seite backen. Die fertigen Blinis auf einem Teller abkühlen lassen.

Für die Guacamole das Fruchtfleisch der Avocados in eine Schüssel löffeln und mit einer Gabel zerdrücken. Den Koriander und die restlichen Zutaten dazugeben und alles gut miteinander vermischen.

Mit einem Löffel die Blinis jeweils mit etwas Guacamole garnieren und diese, mit etwas Koriander bestreut, servieren.

 TIPP LEINSAMEN IST SEHR NAHRHAFT, DENN ER IST REICH AN BALLASTSTOFFEN, OMEGA-3-FETTSÄUREN UND WICHTIGEN NÄHRSTOFFEN. ZU LEINSAMENMEHL GEMAHLEN, IST ER NOCH BESSER VERDAULICH UND DAHER NOCH GESÜNDER!

 VARIATION STATT DER GUACAMOLE KÖNNEN SIE DIE TOMATEN UND DIE AVOCADO AUCH IN KLEINE WÜRFEL SCHNEIDEN UND ALS SALAT ZU DEN BLINIS REICHEN (SIEHE FOTO).

Ab und zu bekommen wir alle Heißhunger auf Pizza, und dieses Rezept bietet eine Paleo-freundliche Variante. Manchmal ist beim Belag weniger mehr, und Sie werden dank dieses Pestos den Käse gar nicht erst vermissen.

PESTO-PIZZA

416 Kal. | 40,8 g Fett | 5 g ges. Fettsäuren | 1,4 g Zucker | 0,1 g Salz | 10 g Proteine | 2,7 g Ballaststoffe

4 Portionen

100 g Mandelmehl
2 Eier
3 EL Olivenöl

Für den Belag
4 EL Olivenöl
1 Knoblauchzehe
1 große Handvoll
   Basilikumblätter
80 g Pinienkerne

In einer großen Schüssel das Mandelmehl, die Eier, 90 ml Wasser und das Olivenöl miteinander verrühren. Sobald die Mischung die Konsistenz eines Teigs bekommt, die Zutaten behutsam mit den Händen kneten, doch aufpassen, denn der Teig ist etwas krümeliger als normaler Teig.

Für das Pesto sämtliche Zutaten in einem Standmixer glatt pürieren.

Den Teig in 2 Portionen teilen und ihn auf Backpapier oder in 2 anti-haftbeschichteten Pizzaformen mit den Händen (das ist einfacher als mit einer Teigrolle) zu flachen Scheiben drücken. Das Pesto darauf verteilen und fast bis zu den Rändern ausstreichen.

Die Pizzen etwa 12 Minuten im auf 190 °C vorgeheizten Backofen (Ober-/Unterhitze) backen. Danach den Ofen ausschalten und die Pizzen weitere 3 – 4 Minuten in der Resthitze fertig backen.

Seien Sie kreativ, was den Belag betrifft. Neben Oliven eignen sich auch Fisch und Meeresfrüchte. Italiener kombinieren eigentlich nie Fisch und Käse, daher werden Pizzen mit Meeresfrüchten meist sowieso ohne Käse zubereitet.

PIZZA MIT SCHWARZEN OLIVEN

465 Kal. | 46,3 g Fett | 5,8 g ges. Fettsäuren | 1,2 g Zucker | 1,3 g Salz | 10 g Proteine | 6,2 g Ballaststoffe

4 Portionen

100 g Mandelmehl
2 Eier
3 EL Olivenöl

Für den Belag
350 g schwarze,
    entsteinte Oliven,
    abgetropft
1 Knoblauchzehe
1 Handvoll Basilikum-
    blätter
1 EL Pinienkerne
2 EL Olivenöl

In einer großen Schüssel das Mandelmehl, die Eier, 90 ml Wasser und das Olivenöl miteinander verrühren. Sobald die Mischung die Konsistenz eines Teigs bekommt, die Zutaten behutsam mit den Händen kneten, doch aufpassen, denn der Teig ist etwas krümeliger als normaler Teig.

Die Zutaten für den Belag im Standmixer grob pürieren.

Den Teig in 2 Portionen teilen und ihn auf Backpapier oder in 2 anti-haftbeschichteten Pizzaformen mit den Händen (das ist einfacher als mit einer Teigrolle) zu flachen Scheiben drücken. Die Olivenmischung darauf verteilen und fast bis zu den Rändern ausstreichen.

Die Pizzen etwa 12 Minuten im auf 190 °C vorgeheizten Backofen (Ober-/Unterhitze) backen, danach den Ofen ausschalten und die Pizzen weitere 3 – 4 Minuten in der Resthitze fertig backen.

Ich bin immer begeistert, wenn mir ein gesundes Gericht gelingt, das überhaupt nicht nach »Diät« schmeckt, und dieses Rezept ist einfach Luxus pur. Ich erinnere mich bis heute an eine Einladung in ein sehr teures und exklusives New Yorker Restaurant, in dem der Duft der weißen Trüffel, die über Nudeln gehobelt wurden, den ganzen Raum erfüllte.

GEGRILLTE ARTISCHOCKEN MIT TRÜFFEL-CREME

260 Kal. | 26,3 g Fett | 4,3 g ges. Fettsäuren | 1,1 g Zucker | 0 g Salz | 4,6 g Proteine | 1 g Ballaststoffe

4 Portionen

4 große Artischocken-
  herzen, geputzt und
  halbiert
4 EL Olivenöl
1 Knoblauchzehe,
  zerdrückt
1 EL klein gehackte,
  frische Kräuter,
  z.B. Rosmarin und
  Thymian
1 Zitrone, in Spalten
  geschnitten

Für die Trüffel-Creme
3 Eigelb
4 EL weißes Trüffelöl

Die Artischocken 20 Minuten in köchelndem Wasser garen lassen.

Das Olivenöl, den Knoblauch und die Kräuter in einer kleinen Schale vermischen und ziehen lassen.

In der Zwischenzeit die Trüffel-Creme zubereiten. Dafür die Eigelbe in eine Schüssel geben und mit einem elektrischen Handrührgerät aufschlagen. Dabei nach und nach das Trüffelöl hineinrinnen lassen und so lange untermischen, bis eine sämige Creme entstanden ist.

Die Artischockenherzen abtropfen lassen und auf Küchenkrepp trocknen. Die Artischocken mit dem Kräuteröl bepinseln und einen Grill oder eine Grillpfanne vorheizen. Die Artischocken anschließend etwa 3 – 5 Minuten von beiden Seiten grillen.

Die gegrillten Artischockenherzen mit der Trüffelmayonnaise und 1 Zitronenschnitz servieren.

 TIPP ARTISCHOCKEN SIND REICH AN ANTIOXIDANTIEN UND DAHER BESTENS GEEIGNET, KREBS, ALTERSERSCHEINUNGEN UND HERZKRANKHEITEN VORZUBEUGEN.

Als ich einmal an Weihnachten Pastinaken etwas anders zubereiten wollte, entstand dabei dieses Rezept. Inzwischen esse ich Pastinakenpüree zu jeder Jahreszeit. Am besten schmeckt es mit kurz angebratenen Jakobsmuscheln und einer Rotweinreduktion, auch wenn das streng genommen kein Paleo-Essen ist.

PASTINAKENPÜREE

489 Kal. | 36,3 g Fett | 5,3 g ges. Fettsäuren | 16,5 g Zucker | 0,1 g Salz | 5,4 g Proteine | 18,4 g Ballaststoffe

2 Portionen

1 Knoblauchknolle
6 EL Olivenöl und etwas
    zum Servieren
6 große Pastinaken,
    geschält

Die äußeren Häutchen der Knoblauchknolle entfernen, aber die Knolle nicht auseinandernehmen. Mit einem scharfen Messer einen Deckel abschneiden, die Knoblauchknolle in Alufolie wickeln und oben eine kleine Öffnung lassen. In die Öffnung 1 Esslöffel Olivenöl träufeln und die Öffnung danach fest verschließen. Die Knolle 40 Minuten im auf 240 °C vorgeheizten Backfen (Ober-/Unterhitze) backen, bis sie sich weich und matschig anfühlt.

In einem großen Topf Wasser aufkochen, die Pastinaken in je 4 – 5 Scheiben schneiden und bei mittlerer Temperatur 20 Minuten kochen.

Die Pastinaken abtropfen lassen und mit dem restlichen Olivenöl in einen Standmixer geben.

Den gerösteten Knoblauch leicht abkühlen lassen und die Hälfte der Knoblauchzehen über dem Standmixer aus ihrer Haut drücken. Alles zu einem glatten Püree verarbeiten.

Etwas Pastinakenpüree auf 2 Teller geben, mit Olivenöl beträufeln und die restlichen gerösteten Knoblauchzehen daneben anrichten.

 TIPP GERÖSTETER KNOBLAUCH VERLIERT DURCH DAS RÖSTEN SEINE SCHÄRFE UND SCHMECKT BEINAHE SÜSSLICH. AUSSERDEM ZERGEHT ER WIE BUTTER AUF DER ZUNGE.

Eine köstliche Beilage zu allen roten Rezepten in diesem Buch. Gegart schmecken rote Zwiebeln wunderbar süßlich und aromatisch. Die frischen grünen Kräuter bilden dazu einen perfekten Kontrast.

KARAMELLISIERTE ZWIEBELN

249 Kal. | 11,4 g Fett | 1,6 g ges. Fettsäuren | 32,5 g Zucker | eine Spur Salz | 2,3 g Proteine | 3,3 g Ballaststoffe

4 Portionen

4 EL Olivenöl
6 rote Zwiebeln, in dünne
  Scheiben geschnitten
50 ml Gemüsebrühe
6 EL Bio-Honig
frisch gemahlener
  schwarzer Pfeffer
klein gehackte frische
  Kräuter (z.B. glatte
  Petersilie, Thymian)

In einer großen antihaftbeschichteten Pfanne 2 Esslöffel Öl stark erhitzen. Die Zwiebeln hineingeben und unter ständigem Rühren 2 – 3 Minuten anbraten. Das restliche Olivenöl hinzugeben und die Zwiebeln weitere 3 – 4 Minuten braten, bis die Zwiebelscheiben dunkelbraun sind (der in den Zwiebeln enthaltene Zucker lässt sie karamellisieren).

Die Brühe und den Honig mit in die Pfanne geben und die Temperatur reduzieren. Die Zwiebeln weitere 5 – 6 Minuten garen, bis sie die Flüssigkeit aufgesogen haben und karamellisiert sind.

Die Zwiebeln mit etwas frisch gemahlenem Pfeffer würzen und die Temperatur noch einmal kurz erhöhen.

Die frischen Kräuter untermischen und sofort servieren.

Als ich für dieses Buch eine Tempura ausprobiert habe, war ich mit dem Ergebnis so zufrieden, dass ich es direkt für meine Freunde gekocht habe. Ich empfehle Ihnen, es auch mit anderem Gemüse zu versuchen, z. B. mit Möhren, Auberginen oder auch mit Garrelen.

KNUSPRIGE GEMÜSE-TEMPURA

199 Kal. | 17,7 g Fett | 8,4 g ges. Fettsäuren | 2,2 g Zucker | 0,1 g Salz | 7,3 g Proteine | 2,4 g Ballaststoffe

6 Portionen

6 – 8 große Zucchini, die Enden abgeschnitten
100 g Mandelmehl
6 EL Mandel- oder Kokosöl zum Frittieren
3 Eier
frisch gemahlener schwarzer Pfeffer

Die Zucchini in ca. 1 cm dicke Scheiben schneiden und mit Küchenkrepp die Feuchtigkeit abtupfen, denn sie müssen absolut trocken sein. Die Zucchinischeiben beiseitestellen.

Das Mandelmehl in einen tiefen Teller geben und beiseitestellen. Das Öl in einem großen Wok auf 190 °C erhitzen.

Die Eier in einer großen Schüssel mit dem Schneebesen aufschlagen und dann nach und nach jeweils 3 – 4 Zucchinischeiben gleichzeitig eintauchen.

Anschließend die Zucchinischeiben im Mehl wälzen, bis sie vollständig damit ummantelt sind.

Jeweils ein paar panierte Zucchinischeiben auf einmal 2 – 3 Minuten im heißen Öl frittieren, bis sie goldbraun sind und ein bisschen aufgeplustert aussehen. Die fertige Tempura auf Küchenkrepp abtropfen lassen und mit den restlichen Zucchinischeiben ebenso verfahren. Mit Pfeffer würzen und servieren.

 TIPP BENUTZEN SIE ZUM FRITTIEREN LIEBER KEIN OLIVENÖL, DENN ES VERTRÄGT DIE HOHE TEMPERATUR NICHT. MANDEL- ODER KOKOSÖL SIND HIER BESSER GEEIGNET.

Wir alle lieben Rosenkohl zur Weihnachtszeit, vernachlässigen ihn aber sträflich den Rest des Winters über. Dafür gibt es keinen Grund! Hier ist mein Lieblingsrezept, bei dem der Rosenkohl garantiert nicht matschig gekocht wird.

GERÖSTETER ROSENKOHL MIT MARONEN

455 Kal. | 29,3 g Fett | 4,5 g ges. Fettsäuren | 10,9 g Zucker | 0,1 g Salz | 12 g Proteine | 13,3 g Ballaststoffe

6 Portionen

800 g Rosenkohl,
    geputzt
450 g vorgegarte
    Maronen, geviertelt
60 g ungesalzene
    Chashewkerne,
    grob zerstoßen
1 rote Zwiebel,
    geviertelt
4 EL Mandelöl
1 EL Olivenöl
60 g ungesalzene
    Walnusskerne
60 g geröstete
    Kürbiskerne
frisch gemahlener
    schwarzer Pfeffer

Sämtliche Zutaten in einer großen Schüssel miteinander vermischen und mit schwarzem Pfeffer würzen.

Alles in einem Bräter 20 – 25 Minuten im auf 230 °C vorgeheizten Backofen (Ober-/Unterhitze) rösten und dabei nach der Hälfte der Zeit einmal umrühren.

TIPP DIESES GERICHT IST EIN WUNDERBARES VEGETARISCHES MITTAGESSEN UND NATÜRLICH KANN MAN NOCH EIN PAAR EXTRA PEKAN- ODER CASHEWNÜSSE UNTER DIE MARONEN MISCHEN.

VARIATION PASTINAKEN UND MÖHREN MIT ETWAS OLIVENÖL UND EIN PAAR ZWEIGEN ROSMARIN IN DEN BRÄTER GEBEN UND MIT EIN PAAR TROPFEN HONIG BETRÄUFELN. ETWA 40 MINUTEN IM OFEN RÖSTEN UND DABEI ALLE 10 MINUTEN EINMAL UMRÜHREN.

Eine perfekte Beilage zu allen rot markierten Gerichten.
Spinat ist reich an Eisen und die Kokosmilch sorgt für den »Blubb«.

SPINAT MIT KOKOSMILCH
UND GEHACKTEN MANDELN

111 Kal. | 9,2 g Fett | 2,2 g ges. Fettsäuren | 2 g Zucker | 0,4 g Salz | 4,5 g Proteine | 2,8 g Ballaststoffe

4 Portionen

1 EL Olivenöl
400 g Spinat
4 – 6 EL fettarme
  Kokosmilch
2 EL grob gehackte
  Mandeln
frisch gemahlener
  schwarzer Pfeffer

Das Olivenöl in einem großen Topf sehr stark erhitzen, den Spinat hineingeben und 2 – 3 Minuten rühren, bis er zusammenfällt.

Die Kokosmilch hinzugießen und 2 Minuten köcheln lassen. Die Mandeln dazugeben, unterrühren und, mit etwas frischem Pfeffer aus der Mühle gewürzt, servieren.

SUPPEN &
SALATE

Kalte Suppen sind wunderbar erfrischend und daher der perfekte Genuss an einem Sommertag. Aber sie schmecken auch nach einem anstrengenden Tag im Büro, wenn man abends nur noch Lust auf etwas Leichtes, Einfaches hat. Die Avocado sorgt bei diesem Rezept für eine wunderbar cremige Konsistenz.

KALTE
AVOCADOSUPPE

313 Kal. | 30 g Fett | 6,3 g ges. Fettsäuren | 0,8 g Zucker | 0,1 g Salz | 7,8 g Proteine | 6,8 g Ballaststoffe

4 Portionen

4 reife Avocados,
    halbiert und entsteint
400 ml kalte Gemüse-
    brühe
100 g Lachskaviar
    (optional)
2 EL Schnittlauch-
    röllchen
frisch gemahlener
    schwarzer Pfeffer

Die Avocados auslöffeln und das Fruchtfleisch mit der Gemüsebrühe im Standmixer glatt pürieren. Die Suppe mindestens eine halbe Stunde in den Kühlschrank stellen.

Die kalte Suppe auf 4 Suppenschalen aufteilen und mit etwas Lachskaviar (optional), Schnittlauchröllchen und etwas frisch gemahlenem schwarzem Pfeffer garnieren.

 TIPP WER GERADE AUF SEIN GEWICHT UND SEINEN FETTKONSUM ACHTET, KANN DIE AVOCADOMENGE HALBIEREN. DIE SUPPE IST DANN NICHT MEHR GANZ SO CREMIG, SCHMECKT ABER DENNOCH NACH AVOCADO.

Diese Suppe schmeckt heiß oder kalt. Kalt ähnelt sie der französischen Vichyssoise – einer sämigen Suppe aus püriertem Lauch, Kartoffeln und Sahne. Warm serviert, kann man auch etwas klein gehackten Lauch ein paar Minuten in der Pfanne anbraten und die Suppe damit garnieren.

SPARGELSUPPE

90 Kal. | 6,4 g Fett | 0,9 g ges. Fettsäuren | 3,3 g Zucker | 0 g Salz | 4,1 g Proteine | 2,7 g Ballaststoffe

4 Portionen

2 EL Olivenöl
1 Zwiebel, fein gehackt
400 g Spargel, geschält
500 ml Gemüsebrühe
1 Handvoll Schnittlauch,
  in feine Röllchen
  geschnitten
frisch gemahlener
  schwarzer Pfeffer

Das Öl in einem großen Topf erhitzen und die Zwiebel bei mittlerer Temperatur 3 – 5 Minuten anbraten.

Die Spargelstangen in jeweils 3 Teile schneiden, zu der Zwiebel geben und ebenfalls 2 – 3 Minuten anbraten. Mit der Brühe aufgießen und 12 – 15 Minuten köcheln lassen.

Die Suppe leicht abkühlen lassen und dann mit einem Stabmixer glatt pürieren. Anschließend zurück in den Topf gießen und auf mittlerer Temperatur erneut erhitzen.

Mit Schnittlauchröllchen und etwas frisch gemahlenem schwarzen Pfeffer bestreut, servieren.

 TIPP DIE SPARGELSAISON IST SEHR KURZ, DAHER NUTZEN SIE DIE ZEIT UND KOCHEN SIE DIESE UNGLAUBLICH AROMATISCHE SUPPE SO OFT WIE MÖGLICH.

Diese Suppe ist etwas aufwendiger in der Zubereitung
als die anderen Suppen in diesem Kapitel, aber die Mühe lohnt sich.
Häufig koche ich gleich die doppelte Menge und friere die Hälfte ein. Auf diese
Weise kann man sie auch als Basis für schnelle Fischgerichte nutzen.

FISCHSUPPE ODER
BOUILLABAISSE

182 Kal. | 10 g Fett | 1,6 g ges. Fettsäuren | 1,4 g Zucker | 1,8 g Salz | 20,3 g Proteine | 0,4 g Ballaststoffe

6 Portionen

3 EL Olivenöl
2 Knoblauchzehen,
    fein gehackt
900 ml Fischbrühe
4 EL Tomatenmark
4 EL getrocknete
    Tomaten, püriert
200 g Lachsfilet ohne
    Haut, gewürfelt
200 g Seeteufelfilet
    ohne Haut, gewürfelt
15 kleine Jakobs-
    muscheln, ausgelöst
16 Garnelen, geschält
20 Venusmuscheln
20 Miesmuscheln
1 Handvoll Schnittlauch,
    in feine Röllchen
    geschnitten
frisch gemahlener
    schwarzer Pfeffer

Das Öl in einem großen Topf auf mittlere Temperatur erhitzen und den Knoblauch 30 Sekunden darin anbraten. Die Brühe und die beiden Tomatenpasten dazugeben und aufkochen. Zugedeckt 15 Minuten sanft köcheln lassen.

Den Fisch und die Schalentiere dazugeben (zum Umgang mit Muscheln siehe Seite 56) und ohne Deckel 4 – 5 Minuten köcheln lassen, bis der Fisch gar ist und die Muscheln aufgegangen sind. Geschlossene Muscheln entfernen.

Mit Schnittlauchröllchen und Pfeffer aus der Mühle bestreut, servieren.

 TIPP JAKOBSMUSCHELN BESTEHEN ZU BEINAH 80 PROZENT AUS PROTEINEN UND ENTHALTEN ZUDEM JEDE MENGE VITAMIN B12, MAGNESIUM, KALIUM UND ANDERE NÄHRSTOFFE.

Eine traditionelle französische Zwiebelsuppe wird mit einer mit Gruyère-Käse überbackenen Scheibe Baguette serviert, was zwar sehr lecker ist, aber weder gesund noch Paleo-konform. Dieses Zwiebelsuppenrezept ist nicht nur gesund, sondern es entspricht dem Paleo-Ernährungsplan, schmeckt einfach köstlich und ist daher eine perfekte Umami-Variante des französischen Klassikers.

ZWIEBELSUPPE MIT THYMIAN

150 Kal. | 9,1 g Fett | 1,2 g ges. Fettsäuren | 9,6 g Zucker | 0,2 g Salz | 4 g Proteine | 3,3 g Ballaststoffe

4 Portionen

3 EL Olivenöl
4 Gemüsezwiebeln, in dünne Scheiben geschnitten
etwa 1 EL frische Thymianblätter
3 Knoblauchzehen, zerdrückt
1 Lorbeerblatt
1 l hochwertige Gemüsebrühe
frisch gemahlener schwarzer Pfeffer
etwas glatte Petersilie, klein gehackt, zum Garnieren

In einem großen gusseisernen Topf das Öl sanft erhitzen und die Zwiebeln und den Thymian darin etwa 20 Minuten schmoren, bis die Zwiebeln weich sind, ohne dass sie Farbe angenommen haben. Die Temperatur leicht erhöhen und die Zwiebeln weitere 15 Minuten goldbraun karamellisieren. Dabei ab und zu umrühren, damit sie nicht anbrennen. Den Knoblauch hinzugeben und ein paar Minuten unterrühren.

Das Lorbeerblatt und die Brühe hinzugeben und aufkochen. Mit Pfeffer abschmecken und 15 Minuten sanft köcheln lassen. Das Lorbeerblatt entfernen und die Suppe, mit frischer Petersilie und etwas schwarzem Pfeffer aus der Mühle bestreut, servieren.

 TIPP DIE KOCHZEIT MAG IHNEN LANG ERSCHEINEN, ABER DIE ZWIEBELN VERLIEREN DADURCH IHRE SCHÄRFE – VERSPROCHEN!

 TIPP FÜR DIESE SUPPE SOLLTEN SIE EINE WIRKLICH HOCHWERTIGE GEMÜSEBRÜHE WÄHLEN, DA DIESE ENTSCHEIDEND FÜR DAS AROMA DER SUPPE IST.

Das Wichtigste bei dieser Suppe ist eine wirklich gute Pilzmischung. Shiitake-Pilze sind immer gut, aber man kann hier beinah alle Pilzarten verwenden – angefangen von kleinen Champignons bis hin zu getrockneten und dann eingeweichten Steinpilzen, die jedem Gericht ein besonders intensives Aroma verleihen.

SUPPE MIT
GEMISCHTEN PILZEN

159 Kal. | 14 g Fett | 5,8 g ges. Fettsäuren | 2,9 g Zucker | 0,2 g Salz | 3,8 g Proteine | 2,2 g Ballaststoffe

4 Portionen

2 EL Olivenöl
1 weiße Zwiebel, fein
    gehackt
400 g gemischte Pilze, in
    Scheiben geschnitten
3 Knoblauchzehen,
    zerdrückt
600 ml Gemüsebrühe
200 ml fettarme
    Kokosmilch
etwas glatte Petersilie,
    fein gehackt, zum
    Garnieren
frisch gemahlener
    schwarzer Pfeffer

In einem Topf das Öl stark erhitzen und die Zwiebel darin 3 – 4 Minuten anschwitzen. Die Pilze dazugeben, die Temperatur reduzieren und unter ständigem Rühren ein paar Minuten schmoren.

Den Knoblauch und die Brühe hinzugeben und 15 Minuten köcheln lassen, danach die Kokosmilch dazugießen und eine weitere Minute mitkochen, damit sich die Aromen vermischen können.

Den Herd ausschalten, die Suppe leicht abkühlen lassen und dann mit einem Stabmixer glatt pürieren.

Die Suppe erneut kurz erwärmen und dann, mit frischer Petersilie und etwas schwarzem Pfeffer aus der Mühle bestreut, servieren.

 TIPP PILZE WERDEN IMMER MEHR ALS DIE SUPERNAHRUNG ÜBERHAUPT GEFEIERT, DA SIE PRAKTISCH WEDER FETT, NOCH ZUCKER ODER SALZ ENTHALTEN, DAFÜR ABER GESUNDE BALLASTSTOFFE UND ALLE FÜNF B-VITAMINE.

Kokosnuss und Rote Bete wirken als Kombination vielleicht etwas ungewöhnlich, aber vertrauen Sie mir, es funktioniert! Diese Suppe hat zudem eine wunderbar leuchtende hellrote Farbe, daher empfehle ich S e als Vorspeise bei einem festlichen Dinner.

ROTE-BETE-SUPPE
MIT KOKOSMILCH

219 Kal. | 15,8 g Fett | 9,8 g ges. Fettsäuren | 11,7 g Zucker | 0,2 g Salz | 4,7 g Proteine | 3,9 g Ballaststoffe

4 Portionen

500 g frische Rote Bete
3 Lorbeerblätter
ein paar Zweige Oregano
2 EL Olivenöl
1 rote Zwiebel, fein
    gehackt
700 ml Gemüsebrühe
400 ml fettarme
    Kokosmilch
frisch gemahlener
    schwarzer Pfeffer
glatte Petersilie,
    fein gehackt, zum
    Garnieren

Die Roten Bete mit den Lorbeerblättern und dem Oregano 50 – 60 Minuten in Salzwasser kochen. Danach den Topf vom Herd nehmen und die Roten Bete im Wasser abkühlen lassen. Sobald sie genügend abgekühlt sind, die Roten Bete schälen und grob raspeln.

In einem großen Topf das Olivenöl auf mittlerer Temperatur erhitzen und die Zwiebeln darin 3 – 4 Minuten anschwitzen. Die Roten Bete dazugeben und unter das Öl rühren. Die Brühe dazugießen und zugedeckt 15 Minuten köcheln lassen. Den Deckel entfernen, die Kokosmilch dazugeben und alles 2 – 3 Minuten köcheln lassen. Mit schwarzem Pfeffer würzen und den Topf vom Herd nehmen.

In einem Standmixer glatt pürieren, danach zurück in den Topf geben und erneut kurz erhitzen.

Die fertige Suppe auf 4 Suppenschalen aufteilen und, mit frischer Petersilie bestreut, servieren.

 TIPP ROTE BETE HABEN EINEN MITTLEREN GLYKÄMISCHEN INDEX VON 64, ABER EINE SEHR NIEDRIGE GLYKÄMISCHE LAST VON 2,9. DAS BEDEUTET, DASS DIE KOHLENHYDRATE NUR SEHR LANGSAM IN ZUCKER UMGEWANDELT WERDEN UND DER BLUTZUCKERSPIEGEL STABIL BLEIBT.

Kürbis enthält zwar auch Kohlenhydrate in Form von Stärke, aber in deutlich geringerem Maß als Kartoffeln, Süßkartoffeln oder Yamswurzeln, daher kann man ihn in Maßen gut essen. Ich finde, dass Kürbis sich wunderbar für Suppen eignet, da er für eine sämige Konsistenz und einen leicht süßlichen Geschmack sorgt.

GERÖSTETE KÜRBISSUPPE

173 Kal. | 14,6 g Fett | 7,2 g ges. Fettsäuren | 5,2 g Zucker | 0,2 g Salz | 3,2 g Proteine | 2,8 g Ballaststoffe

6 Portionen

1 mittelgroßer Kürbis
7 EL Olivenöl
1 Knoblauchknolle
1 Zwiebel, fein gehackt
1,1 l Gemüsebrühe
400 ml fettarme
   Kokosmilch
4 EL Kürbiskerne
frische Thymianblätter
   zum Garnieren
   (optional)

Vom Kürbis einen Deckel abschneiden, die Kerne und langen Fasern aus der Mitte entfernen und ihn in Viertel schneiden. Die Kürbisviertel auf ein Backblech legen und mit 4 Esslöffeln Olivenöl beträufeln.

Von der Knoblauchknolle einen Deckel abschneiden, mit 1 Esslöffel Olivenöl beträufeln, fest in Alufolie einwickeln, zu dem Kürbis auf das Backblech legen und alles 45 Minuten im auf 220 °C vorgeheizten Backofen (Ober-/ Unterhitze) rösten.

In einem großen Topf 1 Esslöffel Olivenöl erhitzen und darin die Zwiebel sanft anschwitzen. Die Gemüsebrühe dazugießen, kurz aufkochen lassen, den Topf zudecken und vom Herd nehmen.

Das weich geröstete Kürbisfleisch ohne Schale in die Brühe geben, die Knoblauchzehen aus der Haut drücken und ebenfalls mit in den Topf geben und dann die Kokosmilch dazugießen. Alles aufkochen und bei mittlerer Temperatur 10 Minuten köcheln lassen. Den Topf vom Herd nehmen, die Suppe etwas abkühlen lassen und anschließend im Standmixer sämig glatt pürieren.

In einer Pfanne den letzten Löffel Olivenöl auf mittlerer Temperatur erhitzen und darin die Kürbiskerne 1 – 2 Minuten rösten. Die Suppe erneut erwärmen und mit den gerösteten Kürbiskernen und, optional mit frischem Thymian bestreut, servieren.

Ein perfektes Mittagessen an einem kalten Wintertag. Wer die Suppe gern besonders sämig mag, sollte etwas weniger Brühe verwenden und das Gemüse nur kurz pürieren, um die Konsistenz zu erhalten.

BROKKOLI-PASTINAKEN-SUPPE

196 Kal. | 10,8 g Fett | 1,6 g ges. Fettsäuren | 9,1 g Zucker | 0,4 g Salz | 8,2 g Proteine | 10,3 g Ballaststoffe

4 Portionen

3 EL Olivenöl
1 weiße Zwiebel, klein
    gehackt
4 Pastinaken, 3 ½
    davon geschält und
    klein gehackt und
    ½ in hauchdünne
    Streifen geschnitten
400 g Brokkoliröschen
3 Knoblauchzehen,
    zerdrückt
900 ml Gemüsebrühe
frisch gemahlener
    schwarzer Pfeffer

In einem großen Topf 2 Esslöffel Olivenöl auf mittlerer Temperatur erhitzen und darin die Zwiebeln 2 – 3 Minuten sanft anschwitzen.

Die Pastinaken (bis auf die dünnen Streifen), den Brokkoli und den Knoblauch dazugeben und unterrühren. Die Brühe dazugießen und 25 Minuten sanft köcheln lassen, bzw. bis die Pastinaken weich sind. Den Topf anschließend vom Herd nehmen.

Das Gemüse mit einem Stabmixer pürieren.

Den verbleibenden Esslöffel Olivenöl in einer antihaftbeschichteten Pfanne erhitzen und die Pastinakenstreifen darin kross und goldbraun braten.

Die Suppe mit schwarzem Pfeffer würzen und erneut bis zum Siedepunkt erhitzen.

Die heiße Suppe auf 4 Suppenschalen aufteilen und mit den Pastinakenchips garnieren.

 TIPP BROKKOLI IST ÜBERIRDISCH GESUND, DENN ER ENTHÄLT MEHR MINERALIEN UND VITAMINE ALS ALLE ANDEREN GEMÜSE. ESSEN SIE ALSO BROKKOLI SO OFT WIE MÖGLICH!

Diese klassische thailändische Suppe bietet ein tolles Geschmackserlebnis. Die Kaffir-Limettenblätter stammen von einer wilden Zitrusbaumart, die sich von dem bei uns bekannten Limettenbaum deutlich unterscheidet. Die Früchte schmecken bitter und hinterlassen einen pelzigen Geschmack auf der Zunge, daher verwendet man meist nur die wunderbar würzig und zitronig duftenden Blätter. In Thailand aromatisiert man damit – ähnlich wie bei uns mit Lorbeerblättern – Suppen und Saucen.

THAILÄNDISCHE PILZSUPPE MIT KOKOSMILCH

123 Kal. | 10,6 g Fett | 9,1 g ges. Fettsäuren | 1,6 g Zucker | 0,3 g Salz | 3,8 g Proteine | 1,5 g Ballaststoffe

4 Portionen

400 ml fettarme
   Kokosmilch
600 ml Gemüsebrühe
4 getrocknete Kaffir-
   Limettenblätter
2 Stängel Zitronengras,
   das Innere fein hacken
400 g Austernpilze
1 Stück Ingwer (5 cm),
   geschält und in
   Julienne geschnitten
1 EL Paleo-freundliche
   Fischsauce (z. B. Red
   Boat Brand)
2 EL Limettensaft
2 rote Chilischoten, fein
   gehackt
1 Handvoll frische
   Korianderblätter,
   fein gehackt zum
   Garnieren

Die Kokosmilch, die Brühe, die Limettenblätter und das Zitronengras in einem großen Topf verrühren und bei mittlerer Temperatur aufkochen.

Die Pilze dazugeben, 5 Minuten mitkochen und dann den Ingwer, die Fischsauce, den Limettensaft und die Chili einrühren. Den Topf anschließend vom Herd nehmen.

Die Suppe auf 4 Suppenschalen aufteilen und, mit Koriander bestreut, servieren.

 TIPP ACHTEN SIE DARAUF, DASS SIE FETTARME KOKOSMILCH VERWENDEN, DENN DAS SENKT DEN FETTGEHALT DER SUPPE GANZ ERHEBLICH, OHNE DASS ES AUF KOSTEN DES GESCHMACKS GEHT.

Auf den Speisekarten japanischer Restaurants kann man häufig Lachshaut lesen, und meiner Meinung nach ist sie tatsächlich zu schade, einfach weggeworfen zu werden. Kross gebraten macht sie diesen Salat erst so richtig knackig.

SALAT MIT LACHS UND KROSSER LACHSHAUT

633 Kal. | 53,2 g Fett | 9,6 g ges. Fettsäuren | 1,3 g Zucker | 0,5 g Salz | 36,1 g Proteine | 3,9 g Ballaststoffe

4 Portionen

3 Lachsfilets mit Haut
    (je 230 g)
frisch gemahlener
    schwarzer Pfeffer
1 EL Olivenöl
150 g gemischte
    Salatblätter
2 reife Avocados, in
    Scheiben geschnitten

Für das Dressing
Saft von 2 Zitronen
1 EL Dijon-Senf
6 EL Olivenöl

Den Lachs sorgfältig säubern und entschuppen. Mit einem scharfen Messer die Haut vom Lachs abtrennen, die Lachshaut in etwa 2,5 cm breite Streifen schneiden. Jedes Lachsfilet in 4 Teile schneiden. Lachshaut und Filets mit schwarzem Pfeffer würzen.

In einer großen antihaftbeschichteten Pfanne die Lachsstücke bei mittlerer Temperatur von beiden Seiten je 3 Minuten braten (da Lachs ein fetthaltiger Fisch ist, benötigen Sie zum Braten kein zusätzliches Öl) und danach abkühlen lassen.

In einer zweiten Pfanne das Öl erhitzen und die Lachshaut darin bei hoher Temperatur etwa 4 Minuten kross braten.

Die Zutaten für das Dressing miteinander verrühren und die Salatblätter sowie die Avocadoscheiben in einer großen Schüssel damit übergießen. Lachs und Lachshaut dazugeben und alles gut vermischen.

 TIPP LACHSHAUT IST ZWAR FETTIG, ENTHÄLT ABER VIELE GESUNDE OMEGA-3-FETTSÄUREN, DIE EINE GUTE GEHIRNFUNKTION BEGÜNSTIGEN. AUSSERDEM WIRKEN SIE ENTZÜNDUNGSHEMMEND UND SENKEN DAS RISIKO, AN CHRONISCHEN KRANKHEITEN WIE HERZKRANKHEITEN, KREBS ODER ARTHRITIS ZU ERKRANKEN.

Vor zehn Jahren habe ich in Hongkong bei »Tokyo Joe's« zum ersten Mal einen Salat mit Sashimi gegessen und war sofort total begeistert. Heute steht er in vielen Restaurants auf der Speisekarte, aber dieses Rezept ist besonders einfach und lässt sich gut zu Hause zubereiten.

SALAT MIT SASHIMI UND ALGEN

565 Kal. | 45,2 g Fett | 8,1 g ges. Fettsäuren | 2,3 g Zucker | 0,2 g Salz | 36,6 g Proteine | 4,6 g Ballaststoffe

4 Portionen

150 g gemischte
  Salatblätter (inkl.
  Rucola)
1 Avocado, in Scheiben
  geschnitten
3 Algenblätter, zerbröselt
12 Kirschtomaten,
  halbiert
1 EL Olivenöl
3 EL weiße Sesamsaat
1 Thunfischsteak
  (300 g, Sushiqualität)
1 sehr frisches Lachsfilet
  ohne Haut (300 g)

Für das Dressing
4 EL Sesamöl
Saft von 1 Zitrone
1 TL Wasabipaste
2 EL Olivenöl

In einer Schüssel die Salatblätter mit der Avocado, den Algen und den Tomaten mischen.

In einer großen antihaftbeschichteten Grillpfanne das Olivenöl erhitzen. 1 Esslöffel Sesamsaat auf einem Teller ausbreiten und das Thunfischsteak darin von allen Seiten wälzen. Anschließend den Thunfisch im heißen Öl für 30 Sekunden von allen Seiten scharf anbraten. Auf einem Hackbrett den Thunfisch danach mit einem scharfen Messer in dünne Scheiben schneiden. Diesen Vorgang mit dem Lachsfilet wiederholen.

Sämtliche Zutaten für das Dressing miteinander verrühren und unter den Salat mischen. Den Lachs und den Thunfisch unterheben und, mit dem restlichen Sesam bestreut, servieren.

 TIPP GETROCKNETE ALGEN LASSEN SICH WUNDERBAR IN SUPPEN, ÜBER SALATE, EINTÖPFE UND GEBRATENE GERICHTE BRÖSELN. SIE SIND REICH AN MINERALIEN UND SEHR KALORIENARM.

Fisch und Meeresfrüchte gehören in der italienischen Küche zu den Grundnahrungsmitteln. Man pochiert dort frischen Fisch und Meeresfrüchte und konserviert sie dann in hochwertigem Olivenöl. Das Ergebnis zergeht auf der Zunge und eignet sich hervorragend für ein Picknick an einem heißen Sommertag.

ITALIENISCHER MEERESFRÜCHTE-SALAT

303 Kal. | 19,9 g Fett | 3 g ges. Fettsäuren | 2,1 g Zucker | 0,8 g Salz | 25,6 g Proteine | 1,1 g Ballaststoffe

4 Portionen

225 g Jakobsmuscheln
115 g mittelgroße Garnelen mit Schale
225 g Miesmuscheln
115 g gesäuberter Kalmar, in Ringe geschnitten
12 entsteine Kalamata-Oliven
6 EL Zitronensaft
6 EL Olivenöl
1 große Knoblauchzehe, fein gehackt
1 EL glatte Petersilie, fein gehackt
1 EL Schnittlauch, in feine Röllchen geschnitten
¼ TL Chiliflocken
1 Zitrone, in Scheiben geschnitten

1 mittelgroße rote Zwiebel, in dünne Scheiben geschnitten
frisch gemahlener schwarzer Pfeffer

In einem großen Topf Wasser aufkochen. Die Muscheln, die Garnelen und den Tintenfisch hineingeben und 2 Minuten köcheln lassen, bis die Meeresfrüchte gar sind und sich die Miesmuscheln geöffnet haben.

Die Garnelen schälen und das Muschelfleisch aus den Schalen holen. Miesmuscheln, die sich nicht geöffnet haben, wegwerfen.

Die Meeresfrüchte in eine Schüssel geben, die restlichen Zutaten hinzufügen. Alles gut vermischen, für 30 Minuten in den Kühlschrank stellen und danach servieren.

 VARIATION UM DIESEM GERICHT EINE ORIENTALISCHE NOTE ZU GEBEN, KANN MAN BEISPIELSWEISE FRISCHEN KORIANDER, SESAM UND SESAMÖL HINZUFÜGEN.

Garnelen und Avocado sind eine klassische Kombination, die hier mit einem interessanten, säuerlichen Dressing präsentiert wird.

RIESENGARNELEN
MIT AVOCADO

472 Kal. | 20,3 g Fett | 3,7 g ges. Fettsäuren | 23,3 g Zucker | 0,9 g Salz | 34,8 g Proteine | 1,8 g Ballaststoffe

4 Portionen

1 EL Olivenöl
680 g ganze, ungeschälte
   Riesengarnelen
600 g gemischte
   Salatblätter
2 reife Avocados,
   halbiert, das Frucht-
   fleisch ausgelöst und
   gewürfelt
frisch gemahlener
   schwarzer Pfeffer

Für das Dressing
Saft von 1 Orange
4 EL Olivenöl
1 EL Zitronensaft
1 EL Basilikum, fein
   gehackt
1 TL Dijon-Senf

Das Olivenöl in einer großen antihaftbeschichteten Pfanne erhitzen und die Garnelen je 1 – 2 Minuten von beiden Seiten braten, bis sie gar sind. Den Herd ausschalten und die Garnelen beiseitestellen.

Die Salatblätter mit den Avocadowürfeln in eine große Schüssel geben.

In einer kleinen Schale die Zutaten für das Dressing miteinander verrühren und dann über den Salat gießen und untermischen.

Den Salat mit ein oder zwei Drehungen Pfeffer aus der Mühle bestreuen und mit den Garnelen garnieren.

 TIPP GARNELEN SIND REICH AN MINERALIEN UND PROTEINEN UND ARM AN KALORIEN UND FETT – MIT ANDEREN WORTEN: PERFEKT FÜR EINE DIÄT!

Auch wenn ich kein großer Fan von Süß-Sauer-Kombinationen bin –
dieser Salat schmeckt wirklich grandios. Die Erdbeeren sollten noch nicht
zu weich sein, damit der Salat nicht zu süß wird.

SALAT MIT ERDBEEREN, LACHS UND NÜSSEN

638 Kal. | 49,2 g Fett | 7,4 g ges. Fettsäuren | 6,5 g Zucker | 0,3 g Salz | 39,6 g Proteine | 3,2 g Ballaststoffe

4 Portionen

2 Lachsfilets ohne Haut
 (je 300 g)
600 g gemischte
 Salatblätter
12 große Erdbeeren, in
 dünne Scheiben
 geschnitten
80 g Cashewkerne,
 gehackt
80 g Mandelkerne,
 gehackt
fein gehackte frische
 Kräuter wie Minze
 und Schnittlauch

Für das Dressing
4 EL Olivenöl
Saft von ½ Zitrone
1 EL Schnittlauch,
 in feine Röllchen
 geschnitten
1 TL Dijon-Senf

Eine große antihaftbeschichtete Pfanne stark vorheizen und die Lachsfilets darin 2 – 3 Minuten von jeder Seite anbraten. Die Temperatur
senken und den Lachs weitere 2 – 3 Minuten garen. Lachs ist in der
Regel so fetthaltig, dass man beim Braten kein Öl dazugeben muss.
Die Pfanne vom Herd nehmen und beiseitestellen.

Mit einem Schneebesen die Zutaten für das Dressing verrühren und
beiseitestellen. In einer großen Schüssel die Salatblätter mit den
Erdbeeren und Nüssen mischen.

Den Salat auf einer Servierplatte anrichten und die Lachsfilets
entweder im Ganzen oder leicht zerpflückt daraufsetzen. Mit dem
Dressing beträufeln und, mit frischen Kräutern bestreut, servieren.

 TIPP AUCH BEI DER PALEO-ERNÄHRUNG MÜSSEN SIE SICH KEINE
SORGEN MACHEN, DASS IHRE KNOCHEN NICHT GENUG KALZIUM
BEKOMMEN. MANDELN ETWA ENTHALTEN NEBEN REICHLICH VITAMIN E
(GUT FÜR STRAFFE HAUT) AUCH VIEL KALZIUM.

Frische Orangen, Koriander und hübsche, rubinrote Granatapfelkerne machen diesen Salat zu einem wahren Winterhighlight. Der hohe Gehalt an Vitamin C beugt Husten und Schnupfen vor.

ORANGENSALAT MIT HUHN UND GRANATAPFELKERNEN

364 Kal. | 15,6 g Fett | 2,4 g ges. Fettsäuren | 18,1 g Zucker | 0,3 g Salz | 38,3 g Proteine | 5,7 g Ballaststoffe

4 Portionen

4 große Orangen,
    geschält und in dünne
    Scheiben geschnitten
5 EL Olivenöl
Saft von ¼ Zitrone
1 Handvoll Koriander,
    fein gehackt
200 g Granatapfelkerne
4 Hühnerbrustfilets ohne
    Haut, in Streifen
    geschnitten
frisch gemahlener
    schwarzer Pfeffer

Die Orangenscheiben in eine große Schüssel geben und mit 3 Esslöffeln Olivenöl, dem Zitronensaft, dem Koriander und den Granatapfelkernen vermischen. Anschließend beiseitestellen, damit die Orangen marinieren können.

Das restliche Öl in einer antihaftbeschichteten Grillpfanne erhitzen und dann bei hoher Temperatur die Hühnerfiletstreifen etwa 3 Minuten von allen Seiten scharf anbraten, bis sie durchgegart sind. Den Herd ausschalten und das Fleisch ein paar Minuten ruhen lassen.

Zum Servieren den Orangensalat auf 4 Teller aufteilen, die warmen Filetstreifen darauf verteilen und mit etwas Pfeffer aus der Mühle bestreuen.

 TIPP ICH LIEBE GRANATAPFELKERNE, DENN SIE SIND SAFTIG UND AUSSERDEM WEGEN IHRES HOHEN GEHALTS AN VITAMINEN (A, B UND C), FOLSÄURE, BALLASTSTOFFEN, KALIUM UND KALZIUM SEHR GESUND.

Dieses Rezept stammt ursprünglich aus dem französischen Nizza,
aber inzwischen wird Salade Niçoise überall auf der Welt in verschiedenen
Variationen serviert – mit frischem Thunfisch oder mit Thunfisch aus der Dose,
mit Wachteleiern genauso wie mit Hühnereiern.

SALADE NIÇOISE

531 Kal. | 36,8 g Fett | 6,9 g ges. Fettsäuren | 2,8 g Zucker | 2,2 g Salz | 48,2 g Proteine | 2,2 g Ballaststoffe

4 Portionen

4 Eier
600 g gemischter Salat
    oder 2 Romana-
    Salatköpfe, gewaschen
    und klein gezupft
1 EL Olivenöl
2 Thunfischsteaks
    (je 300 g)
12 – 16 Kalamata-Oliven
60 g Anchovis (Dose),
    abgetropft

Für das Dressing
Saft von 1 Zitrone
6 EL Olivenöl
1 EL Dijon-Senf
1 EL Estragon, fein
    gehackt

Die Eier 5 Minuten kochen, dann abtropfen lassen, pellen, vierteln und beiseitestellen.

Die Zutaten für das Dressing in einer kleinen Schüssel mit dem Schneebesen verrühren. Die Salatblätter in eine große Schüssel geben, das Dressing darübergießen und gut untermischen.

In einer großen antihaftbeschichteten Pfanne das Olivenöl auf mittlerer Temperatur erhitzen und die Thunfischsteaks von beiden Seiten je 1 – 2 Minuten scharf anbraten. Den Thunfisch anschließend auf einem Küchenbrett in dünne Streifen schneiden.

Den Salat auf 4 Salatteller aufteilen und die Oliven, die Anchovis, die Eier und die Thunfischstreifen darauf verteilen.

 TIPP FRISCHER ESTRAGON PASST WUNDERBAR ZU DIESEM SALAT UND LIEFERT DEM KÖRPER WICHTIGE ANTIOXIDANTIEN. SIE SOLLTEN IMMER FRISCHE KRÄUTER IM KÜHLSCHRANK VORRÄTIG HABEN, DA SIE JEDEM SALAT EINE BESONDERE NOTE UND EINEN EIGENEN GESCHMACK GEBEN.

Ein ganz einfacher Salat, wenn es mal schnell gehen soll.
Wachteleier wirken immer elegant, daher serviere ich diesen Salat häufig als
Vorspeise, wenn ich Gäste eingeladen habe.

SALAT MIT WACHTELEIERN
UND PARMASCHINKEN

349 Kal. | 28,5 g Fett | 5,5 g ges. Fettsäuren | 3,5 g Zucker | 2 g Salz | 21 g Proteine | 2,4 g Ballaststoffe

4 Portionen

1 TL Olivenöl
12 Wachteleier
800 g gemischte
    Salatblätter
12 Scheiben
    Parmaschinken
frisch gemahlener
    schwarzer Pfeffer

Für das Dressing
4 EL Walnussöl
Saft von ½ Zitrone
1 TL Dijon-Senf

Eine antihaftbeschichtete Pfanne auf mittlerer Temperatur vorheizen, das Olivenöl hineingeben und dann immer 2 Wachteleier gleichzeitig über der Pfanne aufschlagen und wie normale Spiegeleier braten (allerdings dauert das bei den kleinen Eiern nur 20 – 30 Sekunden). Die fertigen Spiegeleier mit einem Pfannenwender herausheben und abkühlen lassen.

In einer kleinen Schüssel die Zutaten für das Dressing mit einem Schneebesen vermischen. Die Salatblätter in eine große Schüssel geben und das fertige Dressing untermischen.

Die Salatblätter auf einer Salatplatte anrichten, mit dem Parmaschinken und den Spiegeleiern garnieren und etwas Pfeffer aus der Mühle darüberstreuen.

 TIPP PARMASCHINKEN IST SO AROMATISCH, DASS MAN DAVON NICHT VIEL BRAUCHT. 2 – 3 HAUCHDÜNNE SCHEIBEN PRO PERSON REICHEN AUS, UND WENN MAN DEN SPECKRAND ABSCHNEIDET, ENTHÄLT ER NUR WENIG FETT.

Diesen thailändischen Rindfleischsalat kann man sowohl warm als auch kalt servieren. In Thailand schmeckt er dank der Vogelaugen-Chilischoten, einer der schärfsten Chilisorten, die es gibt, sehr scharf. Durch das Entfernen der kleinen Samen kann man die Schärfe jedoch etwas mildern.

THAILÄNDISCHER RINDFLEISCHSALAT

258 Kal. | 9,6 g Fett | 3,4 g ges. Fettsäuren | 6,2 g Zucker | 0,3 g Salz | 36 g Proteine | 1,1 g Ballaststoffe

4 Portionen

2 magere Lendensteaks vom Rind à 300 g
1 EL Olivenöl (optional zum Anbraten)
1 Handvoll Koriander, fein gehackt und ein paar Blätter zum Garnieren
1 Handvoll Minzeblätter, fein gehackt
2 – 3 Vogelaugen-Chilischoten, fein gehackt
1 Knoblauchzehe, zerdrückt
Saft von 1 Zitrone
1 Stück Ingwer (2 cm), geschält und gerieben

1 EL Bio-Honig
8 Radieschen, in dünne Scheiben geschnitten
½ Gurke, in dünne Scheiben geschnitten

1 rote Zwiebel, in dünne Scheiben geschnitten
frisch gemahlener schwarzer Pfeffer

Die Steaks entweder grillen oder im Olivenöl 2 – 3 Minuten von jeder Seite scharf anbraten, sodass sie außen hübsch gebräunt und innen immer noch rosa sind. Die Steaks auf einen vorgewärmten Teller legen und 5 Minuten ruhen lassen.

In einer großen Schüssel die Kräuter, die Chili, den Knoblauch, den Zitronensaft, den Ingwer und den Honig miteinander vermischen.

Das Fleisch mit einem scharfen Messer in Streifen schneiden und diese in die Schüssel zu dem Dressing geben und darin marinieren lassen. In der Zwischenzeit die Radieschen, die Gurke und die rote Zwiebel auf einer Servierplatte anrichten und dann mit einem Löffel das Fleisch und das Dressing darauf verteilen. Mit schwarzem Pfeffer und ein paar Korianderblättern bestreut, servieren.

Dieser Salat hat eine wunderbare Konsistenz, denn die knusprig frittierten Auberginen bleiben innen weich und die Mandeln sind knackig. Ein perfektes leichtes Mittag- oder Abendessen.

SALAT MIT FRITTIERTEN AUBERGINEN

465 Kal. | 40,5 g Fett | 5,1 g ges. Fettsäuren | 10,5 g Zucker | 0,2 g Salz | 14 g Proteine | 7,6 g Ballaststoffe

4 Portionen

2 Eier
4 EL Mandelmehl
2 – 3 EL Olivenöl
1 große Aubergine, in Stäbe geschnitten
600 g gemischter Salat
2 Möhren, geschält und gerieben
12 Kirschtomaten, halbiert

Für das Dressing
80 g geröstete Mandelkerne, grob zerstoßen
4 EL Mandel- oder Olivenöl
Saft von 1 Zitrone
1 Handvoll Schnittlauch, in feine Röllchen geschnitten und etwas zum Garnieren
1 TL engl. Senfpulver

Die Eier in einer Schüssel verquirlen und das Mandelmehl auf einen Teller geben. In einer großen antihaftbeschichteten Pfanne das Öl stark erhitzen. Die Auberginenstäbe zunächst in die Eimischung tauchen und dann im Mandelmehl wälzen.

Die panierten Auberginen mit einem Schaumlöffel ins heiße Öl geben und darin von beiden Seiten je 3 – 4 Minuten frittieren. Nicht zu viele Auberginenstäbe auf einmal frittieren, da sie dann weich werden. Damit sie hübsch braun und kross werden, sollte man etwa 3 – 4 Stäbe auf einmal frittieren.

Die frittierten Auberginen auf Küchenkrepp abtropfen lassen und nach und nach den Rest frittieren.

Die Zutaten für das Salatdressing miteinander verrühren und damit in einer großen Schüssel die Salatblätter mit den Möhren und Tomaten anmachen. Den Salat hübsch anrichten, die frittierten Auberginen obenauf geben und mit Schnittlauchröllchen garnieren.

 VARIATION ALTERNATIV KANN MAN DIE AUBERGINENSTÄBE AUCH NUR JE 1 MINUTE AUF JEDER SEITE FRITTIEREN UND DANN IM AUF 200 °C VORGEHEIZTEN BACKOFEN (OBER-/UNTERHITZE) 20 MINUTEN RÖSTEN.

Rote Bete sind ein Supergemüse, denn sie enthalten reichlich Ballaststoffe, Kalium und die Vitamine B und C und wirken zudem leicht entgiftend.

SALAT AUS ROTEN BETEN, NAVETTEN UND MÖHREN

333 Kal. | 23,4 g Fett | 3,3 g ges. Fettsäuren | 18,1 g Zucker | 0,3 g Salz | 7,9 g Proteine | 9,4 g Ballaststoffe

4 Portionen

Saft von ½ Orange
Saft von ½ Zitrone
4 EL Olivenöl
300 g Möhren, geraspelt
400 g Rote Bete, geraspelt
300 g Navetten, geraspelt
schwarzer Pfeffer
100 g Sonnenblumen-
    kerne
Koriander, gehackt

In einer kleinen Schüssel Orangensaft, Zitronensaft und Olivenöl miteinander verrühren.

In einer großen Schüssel das geschälte und geraspelte Gemüse miteinander vermischen. Das Dressing darübergießen, mit Pfeffer würzen und erneut gut vermischen. Den Salat mit Sonnenblumenkernen und frischem Koriander bestreut, servieren.

TOMATENSALAT MIT KAPERN UND ROTEN ZWIEBELN

59 Kal. | 3,2 g Fett | 0,5 g ges. Fettsäuren | 6,2 g Zucker | eine Spur Salz | 1,2 g Proteine | 2,2 g Ballaststoffe

4 Portionen

4 große Tomaten
1 EL Kapern
¼ rote Zwiebel, in
    Scheiben geschnitten
1 EL Olivenöl
1 EL Aceto balsamico

Die Tomaten in Scheiben schneiden, mit den Kapern und roten Zwiebeln auf einer Servierplatte anrichten und mit Olivenöl und Balsamico beträufeln.

 TIPP KAPERN WERTEN VIELE SALATE AUF UND SORGEN FÜR EINEN KRÄFTIGEN SCHUB ANTIOXIDANTIEN. AUSSERDEM PASSEN SIE GUT ZU VIELEN FISCHGERICHTEN UND SAUCEN.

Mirin enthält Alkohol und sollte daher nur moderat genossen werden. Allerdings schmeckt es in der Kombination mit geraspelten Möhren so köstlich und verstärkt den leicht süßlichen Geschmack des Gemüses, dass ich den japanischen Reiswein hier als kleine Ausnahme einfach mit aufnehmen musste.

MÖHRENSALAT MIT SESAM

95 Kal. | 6,1 g Fett | 1,1 g ges. Fettsäuren | 6,7 g Zucker | 0,1 g Salz | 2,4 g Proteine | 3,9 g Ballaststoffe

4 Portionen

800 g Möhren, geschält
6 – 8 EL weiße Sesam-
    saat
2 EL Mirin (japanischer
    Reiswein)

Die Möhren grob raspeln und in eine große Schüssel geben.

Den Sesam im Mörser zu einer Paste vermahlen und mit dem Mirin vermischen. Das Mirin-Dressing anschließend über die Möhren gießen und gut untermischen.

Aufgrund seines pfeffrigen Geschmacks kommt man bei Rucola mit wenig Olivenöl aus. Und als Extrabelag auf der Pesto-Pizza (siehe Seite 68) ist er genial.

RUCOLASALAT

252 Kal. | 23,1 g Fett | 3 g ges. Fettsäuren | 7,3 g Zucker | 0,3 g Salz | 3,6 g Proteine | 3,8 g Ballaststoffe

4 Portionen

600 g Rucola
1 rote Zwiebel, in dünne
    Scheiben geschnitten
20 Kirschtomaten,
    halbiert
frisch gemahlener
    schwarzer Pfeffer

Für das Dressing
Saft von 1 Zitrone
6 EL Olivenöl
1 EL Dijon-Senf
2 EL Pinienkerne
½ Knoblauchzehe
6 – 8 Basilikumblätter

Sämtliche Zutaten für den Salat in einer großen Schüssel miteinander vermischen.

Die Zutaten für das Dressing im Standmixer glatt pürieren und über den Salat gießen. Erneut gut vermischen, mit schwarzem Pfeffer würzen und servieren.

Papaya ist die Frucht des Melonenbaums und wird in Asien häufig zur Verdauungsförderung genutzt. Für diesen traditionellen thailändischen Salat sollten Sie eine unreife, grüne Papaya verwenden, da der Salat dadurch wunderbar knackig wird.

GRÜNER PAPAYASALAT AUS THAILAND

176 Kal. | 7,7 g Fett | 1,6 g ges. Fettsäuren | 16,8 g Zucker | 2,3 g Salz | 8,1 g Proteine | 3 g Ballaststoffe

4 Portionen

1 grüne Papaya
12 Kirschtomaten, halbiert
4 EL Cashewkerne, klein gehackt
2 EL getrocknete Garnelen(aus dem Asialaden)
frisch gemahlener schwarzer Pfeffer
1 Handvoll Koriander, gehackt und ein paar Blätter zum Garnieren

Für das Dressing

3 Knoblauchzehen, fein gehackt
1 kleine rote Chilischote, fein gehackt
2 EL Zitronensaft

2 EL Paleo-freundliche Fischsauce (z.B. Red Boat Brand)
2 EL Bio-Honig

Die Papaya schälen, entkernen und fein raspeln. Die Salatzutaten, bis auf den Koriander, in einer großen Schüssel miteinander vermischen.

In einer kleinen Schüssel die Zutaten für das Dressing mit einem Schneebesen verrühren. Das Dressing über den Salat gießen und diesen erneut vermischen. Mit schwarzem Pfeffer würzen und, mit frischem Koriander bestreut, servieren.

 TIPP IN THAILAND WIRD DIESER SALAT MIT ERDNÜSSEN UND PALM-ZUCKER ZUBEREITET, DOCH WEGEN DES PALEO-ERNÄHRUNGSPLANS VERWENDE ICH STATTDESSEN CASHEWNÜSSE UND HONIG.

Kartoffeln enthalten potenziell schädliche Antinutritive und kommen daher in der Paleo-Küche nicht vor. Butternusskürbis ist jedoch ein perfekter Ersatz und befriedigt jeglichen Heißhunger auf Kohlenhydrate.

SALAT VOM BUTTERNUSSKÜRBIS

446 Kal. | 31,3 g Fett | 4,6 g ges. Fettsäuren | 17,5 g Zucker | 0,1 g Salz | 11,4 g Proteine | 9,3 g Ballaststoffe

4 Portionen

1 großer Butternuss-
  kürbis, geschält,
  halbiert und entkernt
2 EL Olivenöl
1 EL Thymian, fein
  gehackt
1 EL Bio-Honig, erwärmt
600 g Rucola
120 g geröstete
  Kürbiskerne
frisch gemahlener
  schwarzer Pfeffer

Für das Dressing
4 EL Olivenöl
Saft von ½ Zitrone
Saft von ½ Orange
1 TL Dijon-Senf
1 TL Thymian, fein
  gehackt

Den Kürbis in mundgerechte Stücke schneiden und diese in eine große Schüssel geben. Das Olivenöl und den Thymian untermischen.

Die Kürbisstücke auf einem Backblech 30 Minuten im auf 220 °C vorgeheizten Backofen (Ober-/Unterhitze) backen. Den Kürbis alle 10 Minuten wenden, damit er von allen Seiten geröstet wird und karamellisiert. Nach 30 Minuten ein letztes Mal wenden, mit dem Honig beträufeln, weitere 5 Minuten im Ofen backen und dann etwas abkühlen lassen.

In der Zwischenzeit die Zutaten für das Dressing verrühren und in einer großen Schüssel unter den Rucola mischen. Mit den Kürbiskernen bestreuen, den Kürbis dazugeben, mit etwas schwarzem Pfeffer würzen und servieren.

 TIPP BUTTERNUSSKÜRBIS HAT EINEN KÖSTLICH SÜSSEN, NUSSIGEN GESCHMACK, DAHER BRAUCHT ER KAUM ANDERE ZUTATEN. ICH ESSE IHN AUCH GERNE ROH, ABER GERÖSTET UND KARAMELLISIERT IST ER EINFACH BESONDERS LECKER.

Dieser eigentlich einfache Salat wirkt immer spektakulär, denn Feigen sind wunderbar zart aromatisch und schmecken gegrillt einfach fantastisch. Der Honig verstärkt ihre natürliche Süße, und das Trüffelöl sorgt für den perfekten, erdigen Kontrast. Diesen Salat müssen Sie einfach probieren!

GEGRILLTE FEIGEN MIT TRÜFFELÖL UND HONIG

171 Kal. | 8,8 g Fett | 1,3 g ges. Fettsäuren | 22,3 g Zucker | 0,3 g Salz | 1,6 g Proteine | 2 g Ballaststoffe

4 Portionen

12 reife Feigen, halbiert
3 EL weißes Trüffelöl
3 EL Rohhonig, erwärmt
3 EL Basilikum, gehackt
150 g Rucola

Für das Dressing
1 EL Dijon-Senf
1 EL Bio-Honig, erwärmt
Saft von 1 Zitrone
etwas Olivenöl (optional)

Die Feigen mit der Schnittseite nach oben auf ein Backblech legen.

In einer kleinen Schüssel das Trüffelöl, den Honig und das Basilikum mit dem Schneebesen verrühren und drei Viertel davon über die Feigen träufeln. Den Rest beiseitestellen.

Die Feigen für 3 – 5 Minuten unter den auf 180 °C vorgeheizten Grill schieben, bis der Feigensaft blubbert und die Früchte karamellisieren.

Die Garflüssigeit auffangen, unter die Trüffelölmischung rühren und dann mit den Zutaten für die Vinaigrette vermischen.

Die Feigen auf einem Bett aus Rucola servieren und die Honig-Senf-Vinaigrette darüberträufeln.

 TIPP FEIGEN ENTHALTEN MEHR BALLASTSTOFFE ALS ALLE ANDEREN OBST- UND GEMÜSEARTEN. DIES KANN EINE DIÄT SEHR UNTERSTÜTZEN, DENN IHRE ENERGIE WIRD SO LANGSAM FREIGESETZT, DASS MAN LANGE EIN GUTES SÄTTIGUNGSGEFÜHL HAT.

HAUPT-GERICHTE

Eines meiner Lieblingsgerichte, denn in ihm schwingt die Atmosphäre eines Pariser Bistros mit, samt knackigem Salat und einem Glas Rotwein, auch wenn Letzteres nicht wirklich Paleo-freundlich ist.

TRADITIONELLES RINDERTATAR

524 Kal. | 38,4 g Fett | 15,1 g ges. Fettsäuren | 2,1 g Zucker | 1 g Salz | 41,7 g Proteine | 0,9 g Ballaststoffe

4 Portionen

1 weiße Zwiebel, fein gehackt
2 EL glatte Petersilie, fein gehackt
2 Eigelb, verquirlt
800 g mageres Rinderhack
1 Spritzer Tabasco-Sauce
1 EL Dijon-Senf
1 EL Kapern, grob gehackt
1 Knoblauchzehe, fein gehackt
1 EL Olivenöl
frisch gemahlener schwarzer Pfeffer
100 g Salatblätter

In einer Schüssel sämtliche Zutaten, bis auf die Salatblätter, miteinander vermischen.

Die Schüssel abgedeckt für 30 Minuten in den Kühlschrank stellen.

Das fertige Tatar am besten mithilfe von Anrichteringen auf 4 Tellern anrichten und mit den knackigen Salatblättern garnieren.

 TIPP DAS RINDERHACK SOLLTE GANZ FRISCH UND MAGER SEIN. FÜR DIE PALEO-KÜCHE IST DAS FLEISCH VON WEIDERINDERN AM BESTEN GEEIGNET.

 VARIATION ANSTELLE DES OLIVENÖLS EINFACH MAL DAS AROMATISCHERE WEISSE TRÜFFELÖL VERWENDEN.

Ein sehr gesundes Gericht, denn Thunfisch enthält beinah kein Fett und die Zitronen sorgen für reichlich Vitamin C.

ZITRONEN-THUNFISCHSTEAKS
MIT OLIVENTAPENADE

421 Kal. | 27,9 g Fett | 4,9 g ges. Fettsäuren | 0,6 g Zucker | 1,6 g Salz | 41,9 g Proteine | 2,8 g Ballaststoffe

4 Portionen

4 – 6 EL extra natives
   Olivenöl
4 Thunfischsteaks
   (je 170 g)
Saft von 3 Zitronen
4 EL Schnittlauch-
   röllchen
1 paar Blätter Basilikum,
   fein geschnitten
frisch gemahlener
   schwarzer Pfeffer
150 g Rucola

Für die Tapenade

200 g entsteinte
   schwarze Oliven
1 EL Kapern
1 EL Estragon, gehackt
1 Knoblauchzehe,
   geschält
3 – 5 Anchovis-Filets
Saft von ½ Zitrone

Entweder die Zutaten für die Tapenade im Standmixer zu einer groben Paste pürieren oder sie, bis auf den Zitronensaft, mit einem scharfen Messer sehr klein hacken und dann mit dem Zitronensaft vermischen.

In einer Grillpfanne 1 Esslöffel Olivenöl auf mittlerer Temperatur erhitzen und die Thunfischsteaks darin von beiden Seiten je 2 Minuten scharf anbraten. Den Zitronensaft dazugießen, den Herd ausschalten, das restliche Olivenöl dazugeben und die Pfanne schwenken, damit sich die Zutaten vermischen.

Den Thunfisch auf einer Servierplatte anrichten, mit dem Zitronenöl übergießen, je 1 Löffel Tapenade daraufsetzen und mit dem Schnittlauch und dem Basilikum bestreuen. Mit etwas frischem Pfeffer aus der Mühle würzen und mit dem Rucola garnieren.

 TIPP WENN MAN THUNFISCH ZU LANGE GART, SCHMECKT ER GENAU WIE THUNFISCH AUS DER DOSE, DAHER SOLLTE MAN HIER BEIM BRATEN DARAUF ACHTEN, DASS ER IN DER MITTE NOCH ROH BLEIBT.

Viele halten Lachs für eines der gesündesten Lebensmittel überhaupt, denn durch seinen hohen Anteil an Omega-3-Fettsäuren vermindert er das Risiko von Herz-Kreislauf-Erkrankungen.

POCHIERTER LACHS IM KRÄUTERMANTEL

485 Kal. | 36,5 g Fett | 5,8 g ges. Fettsäuren | 1 g Zucker | 0,5 g Salz | 37,8 g Proteine | 1,7 g Ballaststoffe

4 Portionen

4 Lachsfilets ohne Haut
  (je 175 g)
1 Handvoll frisches
  Basilikum
1 Handvoll frische glatte
  Petersilie
1 Handvoll frischer
  Estragon
1 Handvoll frischer
  Schnittlauch
1 Handvoll frischer
  Koriander
1 Brokkoli, in Röschen
  geteilt

Für das Dressing

6 EL Olivenöl
1 EL Dijon-Senf
3 EL Zitronensaft

Die Lachsfilets in einen großen halbhohen Stieltopf legen und mit Wasser aufgießen, bis der Fisch bedeckt ist. Den Topf auf den Herd stellen, bis das Wasser kocht, und danach sofort wieder vom Herd nehmen. Den Topf abdecken und den Lachs 15 Minuten im heißen Wasser pochieren lassen.

Für das Dressing sämtliche Zutaten in einer kleinen Schüssel verrühren und dann beiseitestellen.

Die Kräuter auf einem Hackbrett am besten mit einem Wiegemesser klein hacken.

In einem Dampfeinsatz oder in einem Sieb den Brokkoli 4 – 5 Minuten über kochendem Wasser dämpfen.

Die Lachsfilets nacheinander in den frischen Kräutern wälzen, bis sie von allen Seiten damit paniert sind. Anschließend auf einer Servierplatte anrichten und mit dem Zitronendressing beträufeln. Den gedämpften Brokkoli dazureichen.

 TIPP LACHS ENTHÄLT WERTVOLLE PROTEINE, DIE NUR LANGSAM VERDAUT WERDEN UND FÜR EIN LANGANHALTENDES SÄTTIGUNGSGEFÜHL SORGEN. MAN KANN RUHIG EINE GROSSE PORTION ESSEN.

Als ich dieses Rezept zum ersten Mal ausprobiert habe, verwandte ich dafür Wasabi-Erbsen, doch da Hülsenfrüchte in der Paleo-Ernährung nicht erlaubt sind, bin ich bei der Suche nach einem passenden Ersatz auf Macadamianüsse gestoßen. Seitdem gehört dieses Rezept zu meinen besten Gerichten.

HEILBUTT IN WASABI-KRUSTE AUF PAK CHOI

673 Kal. | 37,4 g Fett | 5,6 g ges. Fettsäuren | 1,4 g Zucker | 0,7 g Salz | 82,4 g Proteine | 3,4 g Ballaststoffe

4 Portionen

2 EL Mandelmehl
2 EL weiße Sesamsaat
1 EL Sesamöl und etwas
   Öl zum Beträufeln
80 g Macadamianüsse
2 TL Wasabipulver oder
   -paste
1 Ei
4 große Pak Choi
   (Senfkohl)
4 Heilbuttfilets (je 350 g)
1 EL Olivenöl
1 Limette, geviertelt
frisch gemahlener
   schwarzer Pfeffer
1 Handvoll frischer
   Koriander, klein
   gehackt

Im Standmixer das Mandelmehl, den Sesam, das Sesamöl, die Macadamianüsse, das Wasabi und das Ei zu einer glatten Paste pürieren.

In einem Topf Wasser aufkochen und den Pak Choi darin 5 Minuten blanchieren. Die Kohlblätter anschließend in Eiswasser abschrecken, um den Garprozess zu unterbrechen und so ihre leuchtend grüne Farbe zu erhalten.

Die Wasabipaste in einen tiefen Teller umfüllen und die Heilbuttfilets nacheinander von beiden Seiten leicht hineindrücken, um sie zu panieren.

In einer schweren antihaftbeschichtteten Pfanne das Olivenöl erhitzen und den panierten Fisch darin je 2 – 3 Minuten von jeder Seite scharf anbraten.

Die Fischfilets auf einem Bett aus Pak Choi servieren und etwas Sesamöl darüberträufeln. Ein paar Spritzer Limettensaft darübergeben und mit frisch gemahlenem Pfeffer und dem Koriander bestreuen.

 TIPP DIESES REZEPT SCHMECKT AUCH MIT ANDEREN FISCHSORTEN, WOBEI ICH BESONDERS KABELJAU UND THUNFISCH EMPFEHLE.

Sesam und Thunfisch sind eine klassische Kombination, die einfach immer schmeckt und hier noch von der süßlich schmeckenden Kokosnuss ergänzt wird.

THUNFISCH IN EINER SESAM-KOKOS-KRUSTE

567 Kal. | 29,1 g Fett | 8 g ges. Fettsäuren | 1 g Zucker | 0,5 g Salz | 67,8 g Proteine | 7 g Ballaststoffe

4 Portionen

2 EL Kokosmehl
3 EL weiße Sesamsaat
1 Handvoll frischer
   Koriander
1 Knoblauchzehe,
   geschält
2 Eier
4 Thunfischsteaks
   (je 250 – 300 g)
2 El Olivenöl

Rucolasalat
   (siehe Seite 110)

In einem Standmixer oder in einer Küchenmaschine das Kokosmehl, den Sesam, den Koriander und den Knoblauch fein mahlen und auf einem flachen Teller ausbreiten. Die Eier über einer flachen Schüssel aufschlagen und leicht verquirlen.

Die Thunfischsteaks zunächst in der Eimischung und dann in der Sesammischung wälzen, bis sie von allen Seiten paniert sind.

In einer großen antihaftbeschichteten Bratpfanne 1 Esslöffel Öl erhitzen und jeweils 2 Thunfischsteaks auf einmal 1 – 2 Minuten auf jeder Seite scharf anbraten, bis die Panade goldbraun ist.

Die Fischfilets aus der Pfanne heben und mit dem restlichen Öl die verbleibenden beiden Thunfischsteaks braten.

Den Thunfisch in Streifen schneiden und mit dem Rucolasalat servieren.

Bei diesem Rezept ist es wichtig, die Garnelenköpfe zunächst nicht zu entfernen, weil sie der Sauce ein wunderbares Aroma geben.

GEBRATENE

GARNELEN

289 Kal. | 12,5 g Fett | 1,8 g ges. Fettsäuren | 0 g Zucker | 1,2 g Salz | 44 g Proteine | 0 g Ballaststoffe

4 Portionen

4 EL Olivenöl
1 kg große Garnelen mit Köpfen, geschält und entdarmt
3 Knoblauchzehen, zerdrückt
1 TL Chilipulver
Saft von 1 Zitrone
1 Handvoll frische Basilikumblätter, in feine Streifen geschnitten

Das Öl in einer großen Kasserolle auf mittlerer Temperatur erhitzen und die Garnelen, den Knoblauch, das Chilipulver und den Zitronensaft hineingeben. Zugedeckt 4 – 5 Minuten garen.

Das klein geschnittene Basilikum untermischen, die Garnelen auf 4 Schalen aufteilen und mit der Garflüssigkeit beträufeln.

 VARIATION WER ES GERNE SCHARF MAG KANN EINE FEIN GEHACKTE VOGELAUGEN-CHILISCHOTE MIT IN DEN TOPF GEBEN.

 TIPP UM BASILIKUM IN HAUCHDÜNNE STREIFEN ZU SCHNEIDEN, ROLLT MAN JEDES BLATT ZUNÄCHST WIE EINE ZIGARRE EIN UND SCHNEIDET ES DANN IN FEINE STREIFEN. VOILÀ!

Es gibt wohl niemanden, der nicht gerne ab und zu etwas Frittiertes isst –
und bei diesem Rezept müssen wir nicht mal ein schlechtes Gewissen haben.
Bereiten Sie am besten gleich eine große Portion zu, Sie werden erstaunt sein,
wie schnell das geht!

FRITTIERTE GARNELEN
MIT KOKOS UND BROKKOLI

406 Kal. | 31,1 g Fett | 7,4 g ges. Fettsäuren | 3 g Zucker | 0,5 g Salz | 22,1 g Proteine | 8,4 g Ballaststoffe

4 Portionen

400 g Brokkoliröschen
2 EL Mandel- oder
    Olivenöl
2 EL Mandelplättchen
300 g King Prawns
    (Riesengarnelen),
    geschält
3 EL Kokosmehl
frisch gemahlener
    schwarzer Pfeffer
4 EL Olivenöl
1 Zitrone oder Limette,
    in Spalten geschnitten
1 Handvoll Koriander,
    klein gehackt

Für den Dipp
6 – 8 EL fettarme
    Kokosmilch
1 EL Sesamöl
1 EL weiße Sesamsaat

In einer großen Kasserolle Wasser auf mittlerer Temperatur aufkochen
und den Brokkoli darin 3 – 4 Minuten blanchieren. Anschließend in
Eiswasser abschrecken, damit der Garprozess unterbrochen wird.

Den Brokkoli in einer Schüssel mit den Mandelblättchen und dem
Mandelöl vermischen.

Die Garnelen mit dem Kokosmehl in einen verschließbaren Beutel
geben, etwas Pfeffer dazugeben und den Beutel schütteln, bis die
Garnelen gleichmäßig paniert sind.

Die Zutaten für den Dipp in einen kleinen Topf geben, langsam
erwärmen und dabei beständig umrühren. Alles kurz aufkochen
und dann in eine Servierschale füllen.

In einer großen antihaftbeschichteten Bratpfanne das Olivenöl nicht zu
stark erhitzen. Die Garnelen von beiden Seiten je 2 Minuten frittieren,
ohne dass sie dabei anbrennen.

Die Garnelen und den Brokkoli auf einer Servierplatte anrichten und
mit Zitronen- oder Limettensaft beträufeln und mit etwas Koriander
bestreuen. Den Dipp dazureichen.

Dieses italienisch inspirierte Gericht ist perfekt für ein leichtes sommerliches Mittagessen auf der Terrasse oder für ein Abendessen unterm Sternenhimmel geeignet. Die Salsa Verde passt übrigens nicht nur wunderbar zu Fisch und Meeresfrüchten, sondern auch zu Hühnchen.

GEGRILLTER FISCH
MIT SALSA VERDE

667 Kal. | 43 g Fett | 7,3 g ges. Fettsäuren | 3 g Zucker | 1,5 g Salz | 66,4 g Proteine | 4,5 g Ballaststoffe

4 Portionen

2 Schwertfischsteaks
    (je 200 g), halbiert
2 Lachssteaks
    (je 200 g), halbiert
2 Thunfischsteaks
    (je 200 g), halbiert
2 EL Olivenöl
frisch gemahlener
    schwarzer Pfeffer
1 Zitrone, in Spalten
    geschnitten

Für die Salsa Verde
1 EL Kapern
6 EL Olivenöl
6 – 8 frische
    Basilikumblätter
1 TL Dijon-Senf
Saft von 1 Zitrone
1 EL Estragon, fein
    gehackt
3 EL Schalotten, fein
    gehackt

Eine Grillpfanne vorheizen und die Fischstücke mit 1 Löffel Olivenöl einpinseln. Die Fischsteaks in der heißen Pfanne von beiden Seiten je 2 – 3 Minuten scharf anbraten und danach beiseitestellen.

In der Zwischenzeit sämtliche Zutaten für die Salsa Verde, bis auf die Schalotten, im Standmixer grob zerkleinern. Die Salsa in eine Schale umfüllen und die Schalotten untermischen.

Den Fisch mit etwas Pfeffer bestreuen und die Zitronenspalten darüber auspressen. Die Salsa Verde dazureichen. Besonders gut schmeckt ein Tomatensalat (siehe Seite 108) mit roten Zwiebeln dazu.

Achten Sie bei den Kalmaren unbedingt auf die Einhaltung der Garzeit,
damit sie schön saftig bleiben und nicht gummiartig werden.

GEFÜLLTE KALMARE

412 Kal. | 16,4 g Fett | 3,1 g ges. Fettsäuren | 4,5 g Zucker | 1,6 g Salz | 58,3 g Proteine | 1,4 g Ballaststoffe

4 Portionen

8 kleine Kalmare
300 g vorgegartes
    Lachsfilet ohne Haut
200 g vorgegarte,
    geschälte Garnelen
2 Knoblauchzehen,
    geschält
2 EL Tomatenmark
1 Ei
1 Handvoll frisches
    Basilikum
schwarzer Pfeffer
1 EL Olivenöl

Für die Tomatensauce
1 EL Olivenöl
½ rote Zwiebel
400 g geschälte Tomaten,
    gehackt
1 Knoblauchzehe,
    fein gehackt
1 kleine Vogelaugen-
    Chilischote
50 ml Gemüsebrühe

Zunächst die Kalmare vorbereiten: die Tentakel abschneiden und beiseitelegen. Den Kopf und die Innereien abziehen und wegwerfen. Den durchsichtigen Chitinstab herausziehen und sämtliche harten Teile abschneiden. Die Tuben und die Tentakel gründlich unter kaltem Wasser waschen und mit Küchenkrepp trocken tupfen.

Für die Füllung den Lachs, die Garnelen, die Knoblauchzehen, das Tomatenmark, das Ei und das Basilikum im Standmixer zu einer glatten Paste pürieren. Dann die Kalmare zu je zwei Dritteln mit der Paste füllen, die Füllung nach unten drücken und das obere Ende mit einem Zahnstocher verschließen.

Für die Tomatensauce das Öl in einem breiten Stieltopf bei mittlerer Temperatur erhitzen und die gehackten Zwiebel darin weich schmoren. Die Tomaten, den Knoblauch, die gehackte Chili und die Brühe hinzugeben und unter ständigem Rühren bis zum Siedepunkt erhitzen.

Eine antihaftbeschichtete Grillpfanne auf mittlere Temperatur vorheizen. Die Kalmare pfeffern. Das Öl in die Pfanne geben und die Tintenfische 2 Minuten von einer Seite braten. Danach wenden und von der anderen Seite ebenfalls 2 Minuten braten.

Die Kalmare in den Topf mit der Tomatensauce geben und zugedeckt bei mittlerer bis niedriger Temperatur etwa 12 – 15 Minuten garen. Nach der Hälfte der Zeit die Kalmare einmal wenden. Die Kalmare nach Belieben mit Basilikum bestreuen und mit der Tomatensauce servieren.

Honig und Ingwer gehören zu meinen Lieblingszutaten, denn gemeinsam haben sie etwas Magisches. Außerdem sind sie gut fürs Immunsystem, daher ist dies besonders in den Wintermonaten ein wunderbares Gericht.

LACHS IN EINER HONIG-INGWER-GLASUR

707 Kal. | 44,2 g Fett | 7,4 g ges. Fettsäuren | 13,8 g Zucker | 0,6 g Salz | 63,8 g Proteine | 4,6 g Ballaststoffe

4 Portionen

4 Lachsfilets ohne Haut (je 300 g)

Für die Glasur
2 EL Bio-Honig
Saft von 1 Zitrone
1 EL Dijon-Senf
1 Stück frischer Ingwer (2,5 cm), geschält und gerieben

Für den Kohl
3 EL Olivenöl
1 kleiner Weißkohl, in dünne Streifen geschnitten
1 Knoblauchzehe, fein gehackt
1 ½ EL weiße Sesamsaat
schwarzer Pfeffer
4 Frühlingszwiebeln

Eine große antihaftbeschichtete Pfanne stark erhitzen und den Lachs darin von beiden Seiten je 3 – 4 Minuten braten (Lachs enthält so viel Fett, dass man ihn normalerweise ohne zusätzliches Öl braten kann). Parallel die Glasur zubereiten und dafür den Honig, den Zitronensaft, den Senf und den Ingwer miteinander verrühren.

Sobald der Lachs beinah gar ist, mit einem Löffel die Glasur darauf verteilen und den Herd ausschalten. Die Glasur wird in der heißen Pfanne karamellisiert, und der Lachs färbt sich dadurch dunkler und wird klebrig.

Für den Kohl die Hälfte des Olivenöls in einem Wok auf mittlerer Temperatur erhitzen. Den klein geschnittenen Kohl hineingeben und unter ständigem Rühren 3 – 4 Minuten anbraten, danach das restliche Öl hinzugeben und den Kohl weitere 5 Minuten unter ständigem Rühren schmoren (falls die Flüssigkeit nicht ausreicht, kann man ein paar Tropfen Wasser hinzufügen). Den Knoblauch und 1 Esslöffel Sesam hinzufügen und 1 weitere Minute garen.

Den Kohl auf einer Servierplatte anrichten, mit etwas schwarzem Pfeffer bestreuen und den glasierten Lachs obenauf legen. Mit den in Ringe geschnittenen Frühlingszwiebeln und dem restlichen Sesam bestreut, servieren.

Macadamianüsse wachsen in tropischen Gebieten und gehören zu den teuersten Nüssen, die man erstehen kann. Doch neben ihren vielen positiven Eigenschaften für die Gesundheit schmecken sie so köstlich knackig und butterig, dass ich sie nur empfehlen kann.

LACHS MIT EINER
MACADAMIA-MANDEL-KRUSTE

686 Kal. | 54 g Fett | 7 g ges. Fettsäuren | 2 g Zucker | 0,3 g Salz | 45 g Proteine | 3 g Ballaststoffe

4 Portionen

75 g ungesalzene
   Mandelkerne
50 g Macadamianüsse
2 Eier
75 g Mandelmehl
2 EL Oliven- oder
   Mandelöl
4 Lachsfilets ohne Haut
   (je 175 g)
75 g Brunnenkresse
½ Zitrone, in Spalten
   geschnitten
frisch gemahlener
   schwarzer Pfeffer

Die Nüsse in der Küchenmaschine grob mahlen, dann die Eier, das Mandelmehl und 1 Esslöffel Öl hinzugeben und erneut vermischen.

Die Lachsfilets auf ein Backblech legen und dick mit der Nussmischung bestreichen. Den Lachs 15 – 18 Minuten im auf 200 °C vorgeheizten Backofen (Ober-/Unterhitze) backen.

Die Brunnenkresse mit dem restlichen Öl und einem Spritzer Zitronensaft mischen und auf 4 Teller verteilen. Den Lachs darauf anrichten und mit etwas schwarzem Pfeffer aus der Mühle würzen.

Nichts schmeckt besser als ein gutes thailändisches Hühnercurry, und hier ist ein beinah authentisches Rezept. Nur die Schale mit dem gedämpften Jasminreis fehlt, doch dafür darf man von dem aromatischen und cremigen Curry ruhig etwas mehr essen.

THAILÄNDISCHES HÜHNCHENCURRY

439 Kal. | 19,6 g Fett | 10,6 g ges. Fettsäuren | 4,6 g Zucker | 0,9 g Salz | 58,9 g Proteine | 4 g Ballaststoffe

4 Portionen

2 EL Olivenöl
1 rote Zwiebel, in dünne Scheiben geschnitten
900 g Hühnerbrustfilet ohne Haut, in Streifen geschnitten
1 EL rote Thai-Currypaste
400 ml fettarme Kokosmilch
3 – 4 getrocknete Kaffir-Limettenblätter
500 g Spinat
1 Handvoll frischer Koriander, fein gehackt

In einer großen antihaftbeschichteten Pfanne das Olivenöl erhitzen und die Zwiebeln darin unter ständigem Rühren 3 – 5 Minuten anschwitzen.

Das Fleisch dazugeben und unter ständigem Rühren 5 Minuten anbraten.

Die Currypaste etwa 1 Minute unterrühren, dann die Kokosmilch hinzugießen und die Temperatur auf die niedrigste Stufe zurückschalten. Die Limettenblätter und den Spinat dazugeben und zugedeckt 8 Minuten sanft köcheln lassen. Das Curry auf 4 Schalen aufteilen und, mit frischem Koriander bestreut, servieren.

 TIPP WENN SIE GERADE AUF IHR GEWICHT ACHTEN, SOLLTEN SIE NUR HÜHNERBRUSTFILETS OHNE HAUT KAUFEN, DENN DIE HAUT ENTHÄLT PRO 100 G FLEISCH 1 G GESÄTTIGTE FETTSÄUREN.

Chinesische Gerichte sind sehr beliebt, aber häufig unvereinbar mit der Paleo-Ernährung, da man ja auf die traditionellen Soja-, Austern- und Hoi-Sin-Saucen verzichten muss. Hier kann ich Ihnen jedoch eine wunderbare Alternative anbieten, denn Ingwer und Koriander würzen das Gericht so aromatisch, dass man außer vielleicht ein paar Tropfen Sesamöl nichts vermisst.

WOK-HÜHNCHEN MIT INGWER UND HONIG

390 Kal. | 16,4 g Fett | 3 g ges. Fettsäuren | 11,6 g Zucker | 0,6 g Salz | 47,1 g Proteine | 5,3 g Ballaststoffe

4 Portionen

2 ¼ EL Olivenöl
1 Stück Ingwer (2,5 cm), geschält und gerieben
2 Knoblauchzehen, in dünne Scheiben geschnitten
680 g Hühnerbrustfilet ohne Haut, in Streifen geschnitten
frisch gemahlener schwarzer Pfeffer
4 – 6 Baby Pak Choi (Senfkohl), halbiert
1 EL Bio-Honig, erwärmt
2 rote Paprika, in Streifen geschnitten
4 EL Koriander, fein gehackt und etwas zum Garnieren

2 EL Limettensaft
5 Frühlingszwiebeln, in Ringe geschnitten und etwas zum Garnieren

60 g Cashewkerne, klein gehackt und etwas zum Garnieren

1 Esslöffel Öl in einem großen antihaftbeschichteten Wok auf mittlerer Temperatur erhitzen und den Ingwer mit dem Knoblauch hellbraun anbraten. Den Wok ausgießen, den Ingwer und den Knoblauch beiseitestellen und 1 weiteren Esslöffel Öl erhitzen.

Das Hühnerfleisch mit schwarzem Pfeffer würzen und unter ständigem Rühren ein paar Minuten goldbraun anbraten.

Den Ingwer und den Knoblauch zurück in den Wok geben, das restliche Öl hinzufügen und den Pak Choi etwa 4 – 5 Minuten darin schmoren. Alle Zutaten dazugeben und unter ständigem Rühren 3 – 4 Minuten braten, bis der Honig alles golden ummantelt hat.

In einer Schüssel, mit frischem Koriander, Frühlingszwiebeln und Cashewkernen bestreut, servieren.

Ein wunderbares Grillrezept für einen heißen Sommertag, das man aber auch im Ofen zubereiten kann. Die Sauce schmeckt fantastisch, daher bereite ich immer die doppelte Menge zu und friere den Rest für eine andere Gelegenheit ein. Sie sollten jedoch aufpassen, dass die Sauce vorher keinen Kontakt mit dem rohen Hühnerfleisch hat.

GEGRILLTE HÜHNERBRUST
MIT BARBECUE-SAUCE

250 Kal. | 2,7 g Fett | 0,7 g ges. Fettsäuren | 6,9 g Zucker | 0,7 g Salz | 49,4 g Proteine | 1 g Ballaststoffe

4 Portionen

4 Hühnerbrustfilets ohne
   Haut (je 200 g)
150 g gemischte
   Salatblätter oder
   gegrillte Artischocken
   (siehe Seite 70)

Für die BBQ-Sauce
1 EL Bio-Honig
3 EL Tomatenmark
1 EL Tomatenpaste aus
   sonnengetrockneten
   Tomaten
2 Knoblauchzehen,
   fein gehackt
2 EL Weißweinessig
1 EL getrockneter
   Rosmarin
1 EL Dijon-Senf

Für die Barbecue-Sauce den Honig in einem Stieltopf auf niedriger Temperatur flüssig werden lassen. Die restlichen Zutaten für die Sauce hinzufügen, gut unterrühren und den Topf vom Herd nehmen. Die Sauce auf 2 Schalen aufteilen.

Das Fleisch in eine der Schalen legen, mit Klarsichtfolie abdecken und im Kühlschrank marinieren lassen. Die zweite Schale ebenfalls mit Klarsichtfolie abdecken und beiseitestellen.

Die marinierten Hühnerbrustfilets entweder je 5 Minuten von jeder Seite grillen, bis sie durch und durch gar sind und dabei regelmäßig mit der Marinade bepinseln oder 20 Minuten im auf 200 °C vorgeheizten Backofen (Ober-/Unterhitze) braten und nach der Hälfte der Zeit wenden und mit der Marinade bepinseln.

Das Fleisch mit einem einfachen Salat oder gegrillten Artischocken servieren und die zweite Schale mit der Sauce als Dipp dazureichen.

 TIPP WENN MAN DIE HAUT DES HÜHNCHENS ENTFERNT, REDUZIERT DAS DEN FETTGEHALT.

Häufig haben Vorbehalte gegen Innereien, schlechtes Kantinen- oder Mensaessen die Lust auf Kalbsleber schon früh verdorben. Dabei schmeckt sie köstlich, wenn sie nicht zu lange gegart wird und innen noch ein wenig rosa ist.

KALBSLEBER
MIT GERÖSTETEN ZITRONEN

361 Kal. | 22,1 g Fett | 3,5 g ges. Fettsäuren | 26,3 g Zucker | 0,2 g Salz | 14,7 g Proteine | 1,4 g Ballaststoffe

4 Portionen

3 EL Olivenöl
2 mittelgroße rote
    Zwiebeln, in dünne
    Scheiben geschnitten
2 EL Bio-Honig, erwärmt
300 g Kalbsleber, in
    dünne Scheiben
    geschnitten
frisch gemahlener
    schwarzer Pfeffer
150 g gemischte
    Salatblätter oder
    Rucola

Für die Zitronen
12 Bio-Zitronen,
    geviertelt
4 – 6 EL Olivenöl
4 Knoblauchzehen,
    fein gehackt
4 EL Bio-Honig, erwärmt

Zunächst die Zitronen vorbereiten und dafür die Zitronenviertel in einem Bräter mit dem Öl, dem Knoblauch und dem Honig verrühren. Die Zitronen 30 – 40 Minuten im auf 220 °C vorgeheizten Backofen (Ober-/Unterhitze) rösten, bis sie goldbraun sind.

2 Esslöffel Öl in einer großen Kasserolle erhitzen und die Zwiebeln darin 3 – 5 Minuten anbraten. Den Honig dazugeben, die Temperatur senken und die Zwiebeln 3 Minuten karamellisieren lassen.

Das restliche Öl in einer großen Bratpfanne stark erhitzen, die Leber mit Pfeffer würzen und dann 1 – 2 Minuten von jeder Seite scharf anbraten (ich mag es, wenn sie innen noch rosa ist, daher brate ich sie nur 1 Minute von jeder Seite). Die Leber mit den Zwiebeln und den Zitronen anrichten und einen gemischten Salat dazureichen.

 TIPP KALBSLEBER HAT ZWAR EINEN RELATIV HOHEN FETTGEHALT, IST ABER AUCH REICH AN ZINK, EISEN UND DEN VITAMINEN B12 UND B6.

Dieses traditionelle griechische Rezept koche ich besonders gerne freitagabends, denn es ist einfach in der Zubereitung und schmeckt so köstlich, dass man nie genug davon bekommen kann. Sollte etwas davon übrig bleiben, kann man sonntags ein schnelles kleines Mittagessen daraus machen, indem man es kalt mit einem knackigen grünen Salat serviert.

GRIECHISCHES ZITRONENHUHN

517 Kal. | 15 g Fett | 3 g ges. Fettsäuren | 4,7 g Zucker | 0,6 g Salz | 90,9 g Proteine | 0,6 g Ballaststoffe

4 Portionen

3 EL Olivenöl
1 EL Bio-Honig, erwärmt
Saft von 1 Zitrone
1 TL Cayennepfeffer
1 Poularde (etwa 2,25 kg),
 in 10 Teile zerlegt
frisch gemahlener
 schwarzer Pfeffer
1 Knoblauchknolle, in
 ungeschälte Zehen
 geteilt
2 unbehandelte Bio-
 Zitronen, in Spalten
 geschnitten
2 Zweige Rosmarin
1 Handvoll glatte
 Petersilie, klein
 gehackt
200 g gemischte
 Salatblätter oder
 griechischer Salat
 (siehe Seite 149)

In einer großen Schüssel das Olivenöl, den Honig, den Zitronensaft und den Cayennepfeffer miteinander verrühren. Die Hühnerteile mit Pfeffer würzen, in die Schüssel geben und die Marinade mit den Fingern unter die Haut reiben.

Die Hühnerteile in einen Bräter legen und die Knoblauchzehen, die Zitronenspalten und den Rosmarin dazugeben. Alles gut vermischen und dann wieder etwas auseinanderziehen. Mit frischem Pfeffer abschmecken.

Die Hühnerteile 40 Minuten im auf 200 °C vorgeheizten Backofen (Ober-/Unterhitze) braten, bis sie goldbraun und die Zitronen karamellisiert sind.

Das griechische Huhn, mit frischer Petersilie bestreut, direkt aus dem Bräter servieren und einen Salat dazureichen.

 TIPP ZITRONEN SIND ZWAR SÄUREHALTIG, DENNOCH WIRKEN SIE AUF UNSEREN KÖRPER ALKALISCH UND HELFEN, DEN SÄURE-BASEN-HAUSHALT DES KÖRPERS WIEDER INS GLEICHGEWICHT ZU BRINGEN.

Safran ist ein sehr exklusives und teures Gewürz. Hier benötigt man nur eine kleine Menge, um dem Brathuhn eine wunderbare Farbe zu geben.

BRATHUHN

MIT SAFRAN

444 Kal. | 9 g Fett | 2 g ges. Fettsäuren | 0 g Zucker | 1,3 g Salz | 90,6 g Proteine | 0 g Ballaststoffe

4 Portionen

1 Poularde (etwa 2,25 kg)
1 Zitrone, in 6 Spalten
   geteilt
1 Knoblauchknolle,
   in Zehen gebrochen
1 Brühwürfel, in 4 Teile
   gebrochen
1 EL Olivenöl
1 TL Safranfäden
frisch gemahlener
   schwarzer Pfeffer

Das Huhn mit den Zitronenschnitzen, den Knoblauchzehen und den zerbrochenen Brühwürfel füllen.

Das Huhn in einen Bräter geben und mit dem Olivenöl beträufeln. Mit den Safranfäden und etwas frisch gemahlenem schwarzen Pfeffer bestreuen und die Gewürze unter die Haut reiben.

Das Huhn etwa 2 Stunden im auf 220 °C vorgeheizten Backofen (Ober-/Unterhitze) braten, bis beim Einstechen klarer Bratensaft austritt und das Fleisch durch und durch gar ist. Das Huhn aus dem Ofen nehmen, mit dem eigenen Bratensaft beträufeln und dazu eine Beilage nach eigenem Gusto servieren.

 TIPP VERSUCHEN SIE, BIO-HÄHNCHEN ODER POULARDEN AUS KONTROLLIERTER FREILANDHALTUNG ZU ERWERBEN, DA ES WICHTIG IST, DASS SIE PESTIZIDFREIES FUTTER ERHALTEN HABEN.

Wer qualitativ hochwertiges und lecker gewürztes Fleisch isst, kann auf das Brötchen gut verzichten. Alternativ bietet die Paleo-Ernährung die Möglichkeit, zwei große Portobello-Pilze (Riesenchampignons) in etwas Öl zu braten und den Beefburger dazwischenzuschieben. Schmeckt hervorragend. Und wer will, der kann das Ganze sogar noch mit Sesam bestreuen.

RINDFLEISCH-
BURGER

595 Kal. | 38,6 g Fett | 11,8 g ges. Fettsäuren | 3,9 g Zucker | 0,7 g Salz | 57,3 g Proteine | 3,8 g Ballaststoffe

4 Portionen

900 g mageres
    Rinderhack
1 rote Zwiebel, halbiert
    und eine Hälfte fein
    gehackt
2 EL Tomatenpaste aus
    sonnengetrockneten
    Tomaten
2 Eier, verquirlt
2 Knoblauchzehen,
    zerdrückt
4 EL Mandelmehl
2 EL Olivenöl
200 g gemischte
    Salatblätter

In einer großen Schüssel das Hackfleisch, die klein gehackte Zwiebel, die Tomatenpaste, die Eier, den Knoblauch und das Mandelmehl miteinander vermischen und mit den Händen zu 4 gleich großen Burgern formen.

In einer großen antihaftbeschichteten Pfanne das Olivenöl auf hoher Temperatur erhitzen und die Burger darin von beiden Seiten je 3 – 4 Minuten braten. Die Temperatur reduzieren und die Burger noch ein paar Minuten garen, bis das Fleisch medium bis durch ist.

Die restliche Zwiebelhälfte in 5 mm dünne Zwiebelringe schneiden und die Burger damit garnieren. Auf einem Nest aus knackigem, grünen Salat servieren.

 TIPP JE MAGERER DAS RINDERHACK, DESTO BESSER SCHMECKT DER BEEFBURGER.

Ein Gericht, das selbst gekocht immer noch am besten schmeckt. Wenn man ein »grünes« Rezept mit einem »roten« kombinieren will, so kann man hierzu wunderbar die Kürbisbeilage von Seite 158 reichen. Die Sauce ist so gehaltvoll, dass Sie entweder absolut mageres Rinderhack verwenden oder am besten das Fleisch selbst durch den Fleischwolf drehen sollten.

ITALIENISCHE HACKFLEISCHBÄLLCHEN

546 Kal. | 31,9 g Fett | 10,4 g ges. Fettsäuren | 10,8 g Zucker | 0,9 g Salz | 53,9 g Proteine | 4 g Ballaststoffe

4 Portionen

850 g mageres
    Rinderhack
½ mittelgroße Zwiebel,
    klein gehackt
2 Knoblauchzehen,
    fein gehackt
2 EL Mandelmehl
1 Ei, leicht verquirlt
1 EL glatte Petersilie,
    klein gehackt und
    etwas zum Garnieren
4 EL Tomatenmark
1 EL Olivenöl
kleine Basilikumblätter

Für die Tomatensauce
1 EL Olivenöl
1 Knoblauchzehe,
    fein gehackt
800 g gehackte Tomaten
4 EL Tomatenpaste
140 ml Gemüsebrühe

Für die Fleischbällchen in einer großen Schüssel das Hackfleisch, die Zwiebel, den Knoblauch, das Mandelmehl und das Ei mit den Händen gründlich vermischen. Die Petersilie und die Hälfte des Tomatenmarks hinzufügen und erneut vermischen. Mit den Händen aus der Masse etwa 20 kleine Bällchen formen und diese beiseitestellen.

Für die Tomatensauce das Olivenöl in einer großen Kasserolle auf mittlerer Temperatur erhitzen und darin den Knoblauch ein paar Minuten anbraten, bis er aromatisch duftet. Anschließend die Dosentomaten und die Tomatenpaste hineingeben und unterrühren.

In einer weiteren großen Kasserolle 1 Esslöffel Olivenöl stark erhitzen und darin die Hackfleischbällchen je 1 Minute von allen Seiten anbraten und sie mit einem Holzlöffel immer wieder wenden, bis sie schön angebräunt sind. Die Tomatensauce, die Brühe und das restliche Tomatenmark dazugeben, die Temperatur reduzieren und die Fleischbällchen in der Sauce 10 Minuten zugedeckt köcheln lassen und weitere 5 Minuten ohne Deckel, um die Flüssigkeit zu reduzieren.

Mit Petersilie und Basilikum bestreut, servieren.

Sesam und Sesamöl sorgen bei diesem Gericht für einen leicht orientalischen Geschmack, doch die Pinienkerne und das Basilikum erinnern eher an Italien. Alles zusammen ergibt eine wunderbare Kombination!

SESAMSTEAKS
MIT BROKKOLIPÜREE

761 Kal. | 45,6 g Fett | 10,7 g ges. Fettsäuren | 3,3 g Zucker | 0,6 g Salz | 83,1 g Proteine | 8,7 g Ballaststoffe

4 Portionen

4 EL weiße Sesamsaat
4 Rumpsteaks (je 300 g, ohne Fettrand)
800 g Brokkoliröschen
4 EL Knoblauch, klein gehackt
2 EL geröstete Pinienkerne und etwas zum Garnieren
6 – 8 frische Basilikumblätter, zerpflückt und etwas zum Garnieren
6 EL Olivenöl und Öl zum Braten
frisch gemahlener schwarzer Pfeffer

Den Sesam breitflächig auf einem großen Teller verteilen und die Steaks nacheinander darin wälzen (leicht andrücken), bis sie vom Sesam ummantelt sind.

Den Brokkoli und den Knoblauch in einem großen, mit Wasser gefüllten Topf 8 – 10 Minuten kochen. Anschließend abtropfen lassen und dann mit den Pinienkernen, dem Basilikum, dem Olivenöl und etwas schwarzem Pfeffer im Standmixer nicht zu fein pürieren.

In einer großen antihaftbeschichteten Pfanne etwas Olivenöl auf mittlerer Temperatur erhitzen und die Steaks darin von beiden Seiten ein paar Minuten scharf anbraten. Die Pfanne vom Herd nehmen. Wer sein Steak gerne blutig mag, für den ist es jetzt perfekt. Wer es lieber medium mag lässt es noch etwa 5 Minuten in der heißen Pfanne ruhen.

Auf jedem Teller eine Portion Brokkolipüree anrichten, die Steaks darauflegen und mit gerösteten Pinienkernen und frischem Basilikum garnieren.

 TIPP EIN GUTES STEAK SOLLTE INNEN NOCH ROH SEIN – DOCH KEINE ANGST, DIE HITZE TÖTET BAKTERIEN DENNOCH AB. ALLERDINGS SOLLTE DAS FLEISCH NATÜRLICH SO FRISCH WIE MÖGLICH SEIN.

Wer einen modernen Haubengrill besitzt, bei dem sich die Temperatur regulieren lässt, kann die Keule darauf 3 Minuten von jeder Seite anbraten, dann die Haube schließen, den Grill ausschalten und die Keule 3 Stunden garen lassen. Auf diese Weise wird auch die griechische Lammspezialität Kleftiko zubereitet – das Fleisch wird langsam auf Niedertemperatur gegart, bis es sich von alleine vom Knochen löst und auf der Zunge zergeht.

LAMMKEULE AUS DEM OFEN

509 Kal. | 21,9 g Fett | 10,9 g ges. Fettsäuren | 1,9 g Zucker | 0,7 g Salz | 59,7 g Proteine | 1,5 g Ballaststoffe

6 Portionen

Lammkeule mit Knochen
   (2 kg)
4 Knoblauchzehen, in
   dünne Scheiben
   geschnitten
6 Zweige Rosmarin,
   jeweils in 3 Stücke
   geschnitten und etwas
   für die Sauce
2 EL Olivenöl
schwarzer Pfeffer

Für den Salat

1 Gurke, grob
   geschnitten
10 Kirschtomaten,
   halbiert
24 entsteinte Kalamata-
   Oliven, halbiert
1 Handvoll Salatblätter
1 Handvoll Minzeblätter
1 EL Olivenöl
Saft von ¼ Zitrone

Die Lammkeule auf ein Backblech legen und mit einem scharfen Messer etwa 15 bis 20 Mal 1 cm tief einschneiden. Die Schnitte jeweils mit einer Knoblauchscheibe und etwas Rosmarin füllen. Mit Olivenöl beträufeln und das Öl in das Fleisch einmassieren.

Die Keule mit Alufolie abdecken und in den auf 200 °C vorgeheizten Backofen (Ober-/Unterhitze) schieben. Nach 30 Minuten die Folie entfernen, die Keule wenden und 1 weitere Stunde im Ofen garen. Vor dem Servieren die Lammkeule 10 Minuten auf einer Servierplatte ruhen lassen und dabei erneut mit der Alufolie abdecken, um sie warm zu halten.

Für den Salat die Gurken, die Tomaten, die Oliven und die Salatblätter in einer Schüssel miteinander vermischen. Die Minzeblätter darüberstreuen und mit Öl und Zitronensaft beträufeln.

Für die Sauce das Backblech auf den Herd stellen und den Bratensaft mit 4 – 6 Esslöffeln Wasser ablöschen. Klein gehackten Rosmarin und etwas frisch gemahlenen Pfeffer untermischen und behutsam köcheln lassen, bis die Mischung zu einer aromatischen Sauce eingekocht ist.

Die Lammkeule mit der Sauce und dem griechischen Salat als Beilage servieren.

Rehfleisch ist sehr, sehr mager und daher ideal, falls Sie gerade auf Ihr Gewicht achten wollen. Wer sein Steak gerne englisch gebraten mag sollte Reh genauso zubereiten, denn dann wird es wunderbar zart.

REHSTEAKS
AUF GRÜNKOHL

632 Kal. | 34,1 g Fett | 5,2 g ges. Fettsäuren | 3,8 g Zucker | 0,7 g Salz | 77,1 g Proteine | 6,8 g Ballaststoffe

4 Portionen

4 Rehsteaks (je 300 g)
frisch gemahlener
    schwarzer Pfeffer
3 EL Mandel- oder
    Olivenöl
½ weiße Zwiebel, in
    feine Scheiben
    geschnitten
600 g Grünkohl, geputzt
    und grob zerteilt
1 TL Kapern, klein
    gehackt
60 g Mandelkerne,
    grob gehackt
60 g geröstete
    Pinienkerne
Saft von ½ Zitrone
1 EL glatte Petersilie,
    fein gehackt

Die Steaks mit Pfeffer würzen. 1 Esslöffel Mandel- oder Olivenöl in einer großen, antihaftbeschichteten Pfanne stark erhitzen und die Steaks darin 3 – 4 Minuten von jeder Seite scharf anbraten. Wer sein Steak gerne blutig mag kann das Fleisch anschließend direkt auf den Tellern anrichten. Wer es lieber medium mag lässt es noch etwa 5 Minuten in der heißen Pfanne ruhen.

In der Zwischenzeit das restliche Öl in einer weiteren antihaftbeschichteten Pfanne stark erhitzen und die Zwiebeln darin 3 Minuten anbraten. Den Kohl hinzugeben und 3 – 4 Minuten braten, bis er zusammgefallen ist. Danach die Kapern, die Mandeln, die Pinienkerne und den Zitronensaft dazugeben. Alles 1 Minute unter ständigem Rühren erhitzen.

Die Rehsteaks, mit Petersilie bestreut, auf einem Bett aus Kohl servieren.

 TIPP GRÜNKOHL IST EINES DER NÄHRSTOFFREICHSTEN GEMÜSE, DIE SIE ESSEN KÖNNEN. EINE PORTION ENTHÄLT MEHR VITAMIN C ALS EINE ORANGE UND MEHR VITAMIN A ALS JEDES ANDERE BLATTGEMÜSE.

Dieses Gericht enthält die besten italienischen Aromen, auch wenn das Pesto natürlich ohne Parmesan gemacht ist. Parmesan gehört zu den fetthaltigsten Käsesorten, und indem man ihn weglässt, kann man das Pesto ohne Reue genießen. Bei den vielen unterschiedlichen Aromen, mit denen dieses Gericht aufwartet, werden Sie ihn sowieso nicht vermissen.

GERÖSTETES GEMÜSE MIT PESTO

644 Kal. | 49,4 g Fett | 6 g ges. Fettsäuren | 27,3 g Zucker | 0,15 g Salz | 14 g Proteine | 18 g Ballaststoffe

4 Portionen

1 Butternusskürbis, geschält und geviertelt

400 g Blumenkohlröschen

600 g Möhren, geschält und in Scheiben geschnitten

400 g Rosenkohl, geputzt und halbiert

1 rote Zwiebel, geviertelt

4 EL Olivenöl

schwarzer Pfeffer

Für das Pesto

12 – 16 frische Basilikumblätter

100 ml Olivenöl

2 Knoblauchzehen, geschält

100 g geröstete Pinienkerne

Das Gemüse in einem Bräter mit dem Olivenöl mischen und mit schwarzem Pfeffer würzen. Das Gemüse etwa 40 Minuten im auf 220 °C vorgeheizten Backofen (Ober-/Unterhitze) rösten und nach der Hälfte der Zeit einmal gründlich umrühren.

In der Zwischenzeit die Zutaten für das Pesto im Standmixer pürieren und dann beiseitestellen.

Das Gemüse aus dem Ofen nehmen und wahlweise mit dem Pesto mischen und servieren – oder das Pesto separat in einem Schälchen reichen.

 TIPP WER DEN ROSENKOHL GERNE BESONDERS KNACKIG MAG, SOLLTE IHN ERST NACH DER HÄLFTE DER GARZEIT DAZUGEBEN.

Blumenkohl passt einfach wunderbar zu Currygerichten und ist damit auch eine gute Alternative für Vegetarier. Richten Sie die Chilimenge ganz nach Ihrem persönlichen Geschmack.

BLUMENKOHL-CURRY MIT CHAMPIGNONS

326 Kal. | 27 g Fett | 16,5 g ges. Fettsäuren | 5,9 g Zucker | eine Spur Salz | 9,9 g Proteine | 5,2 g Ballaststoffe

4 Portionen

1 Blumenkohl
3 EL Olivenöl
schwarzer Pfeffer
1 große Zwiebel, in feine
   Scheiben geschnitten
3 Knoblauchzehen,
   fein gehackt
250 g Champignons
1 Stück Ingwer (2,5 cm),
   geschält und gerieben
1 EL gemahlener
   Koriander
1 EL gemahlener
   Kreuzkümmel
1 EL Garam Masala
1 EL Chilipulver
400 ml fettarme
   Kokosmilch
1 Handvoll frischer
   Koriander, klein
   gehackt

Den Blumenkohl in Röschen teilen. In einem Bräter mit 2 Esslöffeln Olivenöl mischen und mit schwarzem Pfeffer würzen. Den Blumenkohl 20 Minuten im auf 220 °C vorgeheizten Backofen (Ober-/Unterhitze) rösten, bis er Farbe annimmt. Den Bräter aus dem Ofen nehmen und beiseitestellen.

In einer großen tiefen Pfanne die Zwiebel im restlichen Olivenöl für 3 – 4 Minuten anbraten. Danach den Knoblauch, die Pilze und den Ingwer hinzufügen und unter ständigem Rühren 1 weitere Minute garen.

Die Gewürze unterrühren, 1 Minute garen und dann die Kokosmilch dazugießen. Abschmecken, eventuell nachwürzen, aufkochen, den Blumenkohl untermischen und die Temperatur reduzieren. Das Curry zugedeckt 5 Minuten bei niedriger Temperatur köcheln lassen. Danach, mit reichlich frischem Koriander bestreut, servieren.

 TIPP WER DIESES GERICHT ETWAS FETTÄRMER ZUBEREITEN MÖCHTE, KANN DIE KOKOSMILCH DURCH BRÜHE ERSETZEN.

Ein super Gericht, wenn man Vegetarier zum Essen eingeladen hat. Denn es ist einfach zuzubereiten und sieht dabei so beeindruckend aus, als habe man Stunden in der Küche zugebracht!

AUBERGINENTURM MIT KRÄUTERÖL

412 Kal. | 40,4 g Fett | 4,8 g ges. Fettsäuren | 7,2 g Zucker | 0,1 g Salz | 5,1 g Proteine | 5,5 g Ballaststoffe

4 Portionen

6 EL Olivenöl
2 große Auberginen, in
    2,5 cm dicke Scheiben
    geschnitten
2 EL Tomatenpaste aus
    sonnengetrockneten
    Tomaten
2 Knoblauchzehen,
    fein gehackt
80 g Pinienkerne
20 – 25 Kirschtomaten,
    halbiert
1 Handvoll frisches
    Basilikum, gehackt
schwarzer Pfeffer

Für das Kräuteröl
50 ml Olivenöl
1 Handvoll frische
    Kräuter
1 Knoblauchzehe, fein
    gehackt

2 Esslöffel Olivenöl in einer antihaftbeschichteten Schmorpfanne auf mittlerer Temperatur erhitzen und die Auberginen darin 4 Minuten von jeder Seite braten.

Gleichzeitig die Tomatenpaste mit dem Knoblauch, den Pinienkernen und den Kirschtomaten in eine Schüssel geben und das restliche Öl darübergießen. Alles gut miteinander vermischen und dann das Basilikum dazugeben.

Die Auberginenscheiben zu kleinen Türmen stapeln. Dazu jeweils die größte Scheibe als Basis auf einen Teller legen, 1 Löffel Tomaten-mischung darauf verteilen, 1 weitere Auberginenscheibe darauflegen und diese wieder mit der Tomatenmischung bestreichen. Schichtweise fortfahren, bis jeder Turm etwa 4 – 5 Scheiben hoch ist.

Die Kräuterölzutaten miteinander verrühren.

Jeweils etwas Kräuteröl um die Auberginentürme herum träufeln und, mit etwas frischem Pfeffer aus der Mühle bestreut, servieren.

Wer auf Dauer Kartoffeln auf dem Speiseplan vermisst findet hier eine tolle Alternative. Für mich ist Butternusskürbis eines der besten Gemüse der Paleo-Ernährung, denn man kann ihn rösten, pürieren, als Suppe zubereiten und braten und befriedigt damit immer seinen Heißhunger auf Kohlenhydrate.

RATATOUILLE MIT BUTTERNUSSKÜRBIS

194 Kal. | 11,7 g Fett | 1,7 g ges. Fettsäuren | 12,7 g Zucker | 0,1 g Salz | 3,4 g Proteine | 6,7 g Ballaststoffe

4 Portionen

1 kleiner Butternuss-
  kürbis, geschält,
  halbiert und in kleine
  Würfel geschnitten
4 EL Olivenöl
frisch gemahlener
  schwarzer Pfeffer
1 Zwiebel, fein gehackt
1 Aubergine, in Würfel
  geschnitten
1 EL Tomatenmark
2 Knoblauchzehen,
  zerdrückt
2 große Tomaten,
  entkernt und
  gewürfelt
1 Handvoll frische
  Basilikumblätter,
  klein gehackt

Die Kürbiswürfel mit 2 Esslöffeln Olivenöl in einen Bräter geben und vermischen. Mit schwarzem Pfeffer würzen und 25 Minuten im auf 220 °C vorgeheizten Backofen (Ober-/Unterhitze) backen. Nach der Hälfte der Zeit erneut wenden und vermischen.

In der Zwischenzeit 1 Esslöffel Öl in einer großen Bratpfanne erhitzen und die Zwiebeln 2 Minuten anschwitzen. Danach die Auberginen-würfel dazugeben und unter ständigem Rühren 5 Minuten braten.

Das restliche Olivenöl, das Tomatenmark, den Knoblauch, die Tomaten und den gerösteten Kürbis dazugeben, alle Zutaten gründlich miteinander verrühren und weitere 4 – 5 Minuten garen.

Heiß oder lauwarm, mit frischem Basilikum und noch etwas Pfeffer aus der Mühle bestreut, servieren.

 TIPP AUBERGINEN ENTHALTEN VIELE BALLASTSTOFFE, DIE FÜR EIN ANGENEHMES VÖLLEGEFÜHL SORGEN UND SO VERHINDERN, DASS MAN ZWISCHEN DEN MAHLZEITEN LUST AUF EINE KLEINE NASCHEREI HAT.

Für mich ist dies das beste Rezept in diesem Buch. Wann immer ich merke, dass mich nach Kohlenhydraten gelüstet, bereite ich mir eine Portion davon zu. Und daher hoffe ich, dass Sie es genauso lieben werden wie ich.

KÜRBIS-SPAGHETTI

279 Kal. | 12,3 g Fett | 1,8 g ges. Fettsäuren | 22,2 g Zucker | 0,2 g Salz | 8 g Proteine | 11 g Ballaststoffe

2 Portionen

2 EL Olivenöl
1 Eichelkürbis, halbiert und mit einer Mandoline in schmale, lange Streifen geschnitten
2 Zucchini, in lange Streifen geschnitten
2 Knoblauchzehen, fein gehackt
175 g Kirschtomaten, halbiert
2 EL Tomatenpaste aus sonnengetrockneten Tomaten
frisch gemahlener schwarzer Pfeffer
1 Handvoll frische Basilikumblätter

In einer großen antihaftbeschichteten Pfanne 1 Esslöffel Olivenöl erhitzen und dann die Kürbisstreifen darin auf mittlerer Temperatur 3 Minuten garen. Die Kürbisstreifen dabei immer wieder im Olivenöl wenden. Die Zucchinistreifen dazugeben und beides zusammen weitere 2 – 3 Minuten garen.

Das restliche Öl, den Knoblauch, die halbierten Tomaten und die Paste aus getrockneten Tomaten dazugeben und alles unter ständigem und behutsamen Rühren 2 – 3 Minuten garen. Die Temperatur reduzieren und alles noch ein paar- mal wenden.

Die Pfanne vom Herd nehmen und die Gemüse-Spaghetti in eine Schüssel füllen. Mit frisch gemahlenem, schwarzem Pfeffer und Basilikumblättern bestreut, servieren.

 TIPP WER DIESES GERICHT PROBIERT WIRD NIE MEHR KOHLENHYDRAT-HALTIGE NUDELN VERMISSEN. DA DIE SAUCE SEHR GUT AN DEN KÜRBIS-SPAGHETTI HAFTET, KANN MAN ES IN ALLEN MÖGLICHEN VARIATIONEN ZUBEREITEN.

DESSERTS

Nach dem Genuss einiger Nachspeisen fühlt man sich manchmal schuldig und aufgeschwemmt, aber bei diesem wunderbaren Dessert ist das ganz und gar anders. Das gegrillte Obst vermittelt ein mediterranes Gefühl und macht Lust darauf, im Freien zu speisen.

GEGRILLTES OBST MIT ZIMT UND HONIG

193 Kal. | 3,2 g Fett | 2,5 g ges. Fettsäuren | 38,4 g Zucker | 0 g Salz | 3,7 g Proteine | 6,6 g Ballaststoffe

4 Portionen

4 Nektarinen, halbiert
   und entsteint
6 Feigen, halbiert
4 Pflaumen, halbiert
   und entsteint
2 Äpfel, geviertelt und
   entkernt
1 Zimtstange, in
   2 Teile zerbrochen
1 El Kokosöl
2 EL Bio-Honig
2 TL Zimtpulver

Die Früchte mit den Zimtstangenhälften auf ein tiefes Backblech legen und miteinander vermischen.

In einem kleinen Stieltopf das Kokosöl mit dem Honig erwärmen und diesen Sirup dann über das Obst träufeln. Das Backblech mit dem Obst für 3 – 4 Minuten in den auf ca. 180 °C vorgeheizten Backofen (Grill-stufe) schieben, bis die Früchte karamellisiert sind und etwas Farbe bekommen haben.

Mit Zimtpulver bestreut, servieren.

 TIPP VERWENDEN SIE FÜR DIESES DESSERT IMMER OBST, DAS GERADE FRISCH ERHÄLTLICH IST: PFLAUMEN, ÄPFEL, BROMBEEREN, HIMBEEREN, ANANAS USW. JEDE KOMBINATION IST EIN GENUSS!

Ein Pudding, mit dem man sich sofort in seine eigene Kindheit
zurückversetzt fühlt und der ein richtiges Wonnegefühl erzeugt.

BANANENPUDDING

235 Kal. | 10,2 g Fett | 9,1 g ges. Fettsäuren | 30,6 g Zucker | 0 g Salz | 2,4 g Proteine | 1,8 g Ballaststoffe

4 Portionen

4 reife Bananen
400 ml fettarme
  Kokosmilch
1 EL Bio-Honig
frische Minzeblätter
  zum Garnieren

Die Bananen schälen und mit der Kokosmilch und dem Honig im
Standmixer pürieren.

Die Mischung auf 4 kleine Dessertschalen aufteilen und 30 Minuten
im Kühlschrank fest werden lassen.

Mit frischer Minze garniert, servieren.

Ein wunderbares Dessert, das mich immer an Thailand erinnert.
Es schmeckt verführerisch, und dennoch kann man es ohne Reue genießen.

KARAMELLISIERTE BANANEN

276 Kal. | 9,9 g Fett | 1,9 g ges. Fettsäuren | 41,7 g Zucker | 0,3 g Salz | 3,9 g Proteine | 3 g Ballaststoffe

4 Portionen

4 reife Bananen
1 EL Kokosöl
400 ml fettarme
  Kokosmilch
3 EL Bio-Honig
3 EL weiße Sesam-
  saat

Die Bananen schälen und in diagonale Scheiben schneiden.

Das Öl in einer schweren, antihaftbeschichteten Kasserolle stark
erhitzen und die Bananen darin 2 Minuten braten. Die Kokosmilch
und den Honig dazugeben, die Temperatur reduzieren und die Bananen
5 Minuten köcheln lassen.

Die karamellisierten Bananen mit einem Löffel in kleine Dessertschalen füllen und, mit Sesam bestreut, servieren.

Als Kind habe ich mich immer sehr gefreut, wenn wir in ein Chinarestaurant gingen, denn ich liebte die chinesischen Desserts mit Äpfeln, Bananen und Sesam. Dieses Rezept bietet eine wesentlich gesündere Version meiner damaligen Lieblingsspeisen.

GEBRATENE BANANEN MIT ZIMT

274 Kal. | 14 g Fett | 12 g ges. Fettsäuren | 33,7 g Zucker | 0 g Salz | 2 g Proteine | 3,3 g Ballaststoffe

4 Portionen

4 reife Bananen
3 EL Kokosöl
2 EL Bio-Honig
1 TL Zimtpulver
4 EL Kokosflocken

Die Bananen schälen und mit einem scharfen Messer jeweils längs vierteln (um 4 lange Streifen zu erhalten).

In einer Bratpfanne das Öl sanft erhitzen und die Bananenstreifen darin 2 – 3 Minuten braten.

Die Bananen aus der Pfanne heben und auf Küchenpapier abtropfen lassen. Das Öl weggießen.

Die Bananen zurück in die Pfanne geben und auf mittlerer Temperatur erhitzen. Den Honig und den Zimt dazugeben, die Bananen etwa 1 Minute darin wälzen und goldbraun braten. Die Kokosflocken untermischen und servieren.

 TIPP ZAHLREICHE STUDIEN BELEGEN, DASS ZIMT SEHR EFFEKTIV DEN BLUTZUCKERSPIEGEL REGULIERT. AUSSERDEM SCHENKT ER BEINAH ALLEN OBSTSPEISEN EIN WUNDERBARES AROMA, DAHER ZÖGERN SIE NICHT, PFLAUMEN, BANANEN, ANANAS, ÄPFEL USW. DAMIT ZU BESTÄUBEN.

Hier einige der besten Eisrezepte im Rahmen einer Paleo-Ernährung. Wobei Kokosmilch im Gefrierfach stärker kristallisiert als Sahne und das Eis daher eher einer Granité gleicht. Wer es lieber cremiger mag sollte das Eis bis zum Servieren höchstens 30 Minuten im Gefrierfach aufbewahren.

KOKOS-MANDEL-EIS

319 Kal. | 25,7 g Fett | 11,9 g ges. Fettsäuren | 14 g Zucker | 0 g Salz | 6,4 g Proteine | 0,5 g Ballaststoffe

4 Portionen

100 g Mandelkerne
480 ml fettarme
   Kokosmilch
3 EL Bio-Honig

Die Mandeln in einen verschließbaren Plastikbeutel füllen und mit einer Teigrolle darüberfahren, um sie grob zu zerstoßen.

In einer Schüssel die Mandeln und die Kokosmilch mischen. Den Honig in einem kleinen Stieltopf sanft erwärmen und unter die anderen Zutaten mischen.

Die Mischung in ein Kunststoffgefäß füllen und vor dem Servieren mindestens 2 Stunden im Gefrierfach aufbewahren.

KOKOS-MANGO-EIS

243 Kal. | 19 g Fett | 17,1 g ges. Fettsäuren | 14,9 g Zucker | 0 g Salz | 2 g Proteine | 3,2 g Ballaststoffe

4 Portionen

1 Mango, geschält
   und klein gehackt
2 EL Bio-Honig
480 ml fettarme
   Kokosmilch
80 g Kokosflocken
frische Minzeblätter
   zum Garnieren
   (optional)

Im Standmixer die Mango mit dem Honig pürieren.

In einer Schüssel die Kokosmilch mit den Kokosflocken verrühren. Das Mangopüree dazugießen (einen kleinen Rest zum Servieren beiseitestellen) und alles gut miteinander verrühren.

Die fertige Mischung in einen Kunststoffbehälter füllen und mindestens 2 Stunden im Gefrierfach zu Eis werden lassen.

In Martini-Gläsern servieren, etwas Mangopüree darüberträufeln und mit einem Minzeblatt garnieren.

Ananas ist reich an natürlichem Zucker und karamellisiert daher, mit etwas Honig beträufelt, besonders gut.

GEGRILLTE ANANAS

115 Kal. | 0,3 g Fett | 0 g ges. Fettsäuren | 28,6 g Zucker | 0 g Salz | 0,8 g Proteine | 2,8 g Ballaststoffe

4 Portionen

Saft von 1 Zitrone
1 Ananas, geschält
   und in Spalten oder
   Scheiben geschnitten
3 EL Bio-Honig
etwas Zimtpulver zum
   Bestäuben
ein paar Minzeblätter,
   fein gehackt

Die Zitrone über den Ananasstücken ausdrücken, damit sich die Ananas nicht dunkel verfärbt. Den Honig ebenfalls darüberträufeln und die Ananasstücke ein paarmal wenden, bis sie davon ummantelt sind.

Eine Grillpfanne auf mittlere Temperatur vorheizen und die Ananas darin von beiden Seiten 4 – 5 Minuten grillen und karamellisieren.

Mit Zimtpulver bestäuben und, mit frischer, klein gehackter Minze bestreut, servieren.

 TIPP ANANAS SCHMECKT NICHT NUR KÖSTLICH SÜSS UND SEHR AROMATISCH, SONDERN SIE ENTHÄLT JEDE MENGE ANTIOXIDANTIEN, DIE DAS IMMUNSYSTEM STÄRKEN.

Ich finde, dass man bei einer Diät keineswegs auf alle kulinarischen Freuden verzichten sollte, daher biete ich Ihnen hier ein Paleo-freundliches Kuchenrezept, das wunderbar zu einer Tasse Kräutertee passt.

ZITRONENKUCHEN

412 Kal. | 33,1 g Fett | 13,7 g ges. Fettsäuren | 9,7 g Zucker | 0,2 g Salz | 13,5 g Proteine | 6,9 g Ballaststoffe

1 Kuchen

6 EL Kokosöl und
   etwas zum Einfetten
   der Backform
4 EL Bio-Honig
185 g Mandelmehl
60 g Kokosmehl
4 Eier
Schale und Saft von
   1 Bio-Zitrone (oder
   1 EL Zitrusextrakt)

Eine runde Kuchenform mit einem Durchmesser von 28 cm einfetten.

In einem kleinen Stieltopf auf geringer Temperatur das Kokosöl und den Honig zerlassen (oder beides zusammen für etwa 30 Sekunden in die Mikrowelle stellen).

In einer großen Rührschüssel die beiden Mehlsorten mischen. Die flüssige Honigmischung, die Eier, die abgeriebene Zitronenschale und den Zitronensaft hinzugeben und alles mit einem Schneebesen gründlich verrühren.

Den Teig in die vorbereitete Backform füllen und etwa 30 Minuten im auf 180 °C vorgeheizten Backofen (Ober-/Unterhitze) backen, bis man mit einem kleinen Holzspieß hineinstechen kann, ohne dass Teig daran haften bleibt.

Den Kuchen nach dem Backen zunächst vollständig in der Form abkühlen lassen und ihn dann auf einen großen Teller stürzen. Dazu eine Tasse Kräutertee servieren.

 TIPP ES IST KINDERLEICHT, MIT MANDEL- UND KOKOSMEHL ZU BACKEN, ALLERDINGS WIRD DER TEIG TROCKENER ALS MIT NORMALEM MEHL, DAHER BRAUCHT MAN ZUM BINDEN ETWAS MEHR EIER.

Möhrenkuchen kam Anfang der 1960er-Jahre groß in Mode, obwohl Möhren schon im Mittelalter auch für Süßspeisen verwendet wurden. Hier wird mit Möhren ein köstlicher Paleo-Kuchen gebacken.

MÖHRENKUCHEN

559 Kal. | 38,1 g Fett | 17,4 g ges. Fettsäuren | 31,3 g Zucker | 0,4 g Salz | 16,8 g Proteine | 11,2 g Ballaststoffe

1 Kuchen

6 EL zerlassenes Kokosöl und etwas zum Einfetten der Backform
4 EL Ahornsirup
165 g Mandelmehl
60 g Kokosmehl
1 TL frisch gemahlene Muskatnuss
1 TL Zimtpulver
400 ml Pflaumensaft
6 Eier, verquirlt
1 TL Vanilleextrakt
4 große Möhren, geschält und fein gerieben
40 g Kokosflocken
60 g Rosinen

Eine 21 x 11 cm große Kastenbackform mit etwas Öl einfetten.

In einem kleinen Stieltopf auf geringer Temperatur das Kokosöl und den Ahornsirup zerlassen (oder beides zusammen für etwa 30 Sekunden in die Mikrowelle stellen).

In einer großen Rührschüssel oder in einer Küchenmaschine die restlichen Zutaten gründlich miteinander vermischen.

Den Teig in die vorbereitete Backform gießen und etwa 30 Minuten im auf 190 °C vorgeheizten Backofen (Ober-/Unterhitze) backen, bis man mit einem kleinen Holzspieß hineinstechen kann, ohne dass Teig daran haften bleibt.

Den Kuchen nach dem Backen zunächst vollständig in der Form abkühlen lassen und ihn dann auf einen großen Teller stürzen. Dazu eine Tasse Kräutertee reichen.

Ein traditionelles Dessert, in dem ich lediglich den Zucker durch Honig ersetzt habe, damit es zur Paleo-Ernährung passt. Die Zitronenschale sorgt für ein wunderbar spritziges Aroma am Ende einer Mahlzeit.

POCHIERTE BIRNEN

138 Kal. | 0,2 g Fett | 0 g ges. Fettsäuren | 35,3 g Zucker | 0 g Salz | 0,7 g Proteine | 5 g Ballaststoffe

4 Portionen

Saft und Schale von
   2 Bio-Zitronen
8 kleine Birnen, geschält,
   Stiele nicht entfernt
4 EL Bio-Honig
ein paar Tropfen
   Vanilleessenz

Die Zitronen über den Birnen ausdrücken, damit die Birnen nicht braun werden.

Die Birnen mit dem Zitronensaft in einen Topf geben, der so groß ist, dass die Birnen darin aufrecht nebeneinander stehen können. Mit 750 ml Wasser und dem Honig aufgießen. Das Ganze kurz aufkochen und etwa 10 Minuten köcheln lassen, bis die Birnen auch innen weich sind (probehalber mit einem Holzspieß einstechen), wobei die Garzeit vom Reifegrad der Früchte abhängt.

Die Birnen mit einem Schaumlöffel herausheben und auf einer Servierplatte anrichten.

Die Vanilleessenz in den Sud geben und diesen unter gelegentlichem Rühren zu einem Sirup einkochen lassen. Danach abkühlen lassen.

Die Birnen vor dem Servieren mit dem Sirup beträufeln und etwas Zitronenschale darüberreiben.

 TIPP BIRNEN ENTHALTEN REICHLICH BALLASTSTOFFE (24 PROZENT DES TAGESBEDARFS) UND SIND DAHER PERFEKT FÜR DAS VERDAUUNGSSYSTEM.

REGISTER

DANKSAGUNG

Zuallererst möchte ich meinem Neffen Alexander Green danken, der vor Kurzem in Oxford promoviert hat und mit seiner wichtigen Forschungsarbeit einen wertvollen Beitrag zu diesem Buch geliefert hat.

Es war wieder ein großes Vergnügen, mit meinem Verlag Kyle Books zusammenzuarbeiten. Kyle unterstützt meine Leidenschaft, gesundes Essen schmackhaft zuzubereiten und ansprechend zu präsentieren. Nachdem ich vor vielen Jahren selbst 29 Kilo abgespeckt habe, weiß ich, was das für ein Kampf sein kann. Daher freue ich mich, wenn mir Leser vom Fortschritt beim Abnehmen berichten, z.B. auf Facebook: Chef Daniel Green.